# 德鲁克全书

文娟　编著

**图书在版编目（CIP）数据**

德鲁克全书 / 文娟编著. -- 长春 : 吉林文史出版社, 2017.5（2021.12重印）

ISBN 978-7-5472-4223-0

Ⅰ. ①德… Ⅱ. ①文… Ⅲ. ①德鲁克(Drucker,Peter Ferdinand 1909-2005)-管理学 Ⅳ. ①C93

中国版本图书馆CIP数据核字(2017)第120012号

德鲁克全书
DELUKE QUANSHU

出 版 人　张　强
编 著 者　文　娟
责任编辑　于　涉　董　芳
责任校对　薛　雨
封面设计　韩立强
出版发行　吉林文史出版社有限责任公司
地　　址　长春市净月区福祉大路5788号出版大厦
印　　刷　天津海德伟业印务有限公司
版　　次　2017年5月第1版
印　　次　2021年12月第4次印刷
开　　本　640mm × 920mm　16开
字　　数　204千
印　　张　16
书　　号　ISBN 978-7-5472-4223-0
定　　价　45.00元

# 前 言

从“现代管理大师”到“管理大师中的大师”，人们把能想到的荣誉都抛向德鲁克，作为公认的“现代管理之父”，彼得·德鲁克享有此殊荣当之无愧。

彼得·德鲁克是伟大的，他把管理学创造成一种兼具知识性和实践性的学科。一生中，他用自己深刻的认知、理性的分析为后人留下了大量管理学作品，这些作品被传播到130多个国家和地区，且极为畅销。德鲁克为世界管理学界做出了不可估量的贡献，他的著作已成为人类学术界一笔宝贵的财富。

1954年，他首次提出了一个具有划时代意义的概念——目标管理，将管理学开创成为一门学科，从而奠定管理大师的地位。

1966年，他的《卓有成效的管理者》一书和读者见面了，在书中，德鲁克宣称：不是只有管理别人的人才称得上是管理者，在当今知识社会中，知识工作者即为管理者，管理者的工作必须卓有成效。这一独到观点的提出，使该书一度风靡全球，并成为高级管理者必读的经典之作。

1973年，德鲁克的巨著《管理：任务、责任、实践》出版，为学习管理学的学生提供了系统化教科书，告诉管理人员付诸实践的是管理学而不是经济学、计量方法或者行为科学。因此，该书被誉为管理学的圣经。

1985年德鲁克又出版《创新与企业家精神》，被誉为《管理的实践》推出后德鲁克最重要的著作之一，全书强调目前的经济已由“管理的经济”转变为“创新的经济”。

1999 年，89 岁高龄的德鲁克出版他的最后一部著作：《21 世纪的管理挑战》，在书中，他将新经济的挑战清楚地定义为：提高知识工作的生产力，为新世纪的企业管理指明了方向。

比尔·盖茨说：“在所有的管理学书籍中，德鲁克的著作对我影响最深。”几乎所有伟大的企业家都在实践着德鲁克的管理理念，比如，杰克·韦尔奇、张瑞敏、安迪·格鲁夫，等等。这些巨擘用事实证明了德鲁克思想的理论价值，证明德鲁克是当之无愧的最伟大的管理思想家和实践家。

在这个经济快速发展，竞争日益激烈的时代，企业如何抓住机遇、迎接挑战，在众多的竞争者中脱颖而出，在很大程度上取决于企业的管理者，取决于他们的洞察力、思维水平和管理素质。而管理者要具备高水平的这些相应能力，最有效、最快捷的方式就是向德鲁克这位管理大师“取经”。

本书用精练的语言对德鲁克的管理思想进行了系统梳理，并结合企业管理实际进行深度剖析，以求尽可能地把德鲁克管理思想的精华全部呈现出来。相信阅读本书，能够使你获得成功管理的金钥匙。

# 目 录

## 第一篇 做卓有成效的管理者

### 第一章 对贡献的承诺，就是对有效性的承诺



### 第二章 卓越是训练出来的——成果管理至上

## 第四篇　变革时代的理性与智慧

### 第一章　企业必须成为变革的原动力



### 第二章　知识的特点就是不断变化

第一篇

# 做卓有成效的管理者

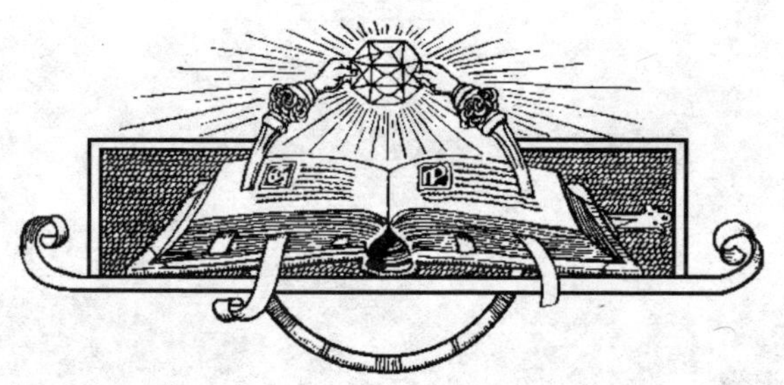

# 第一章　对贡献的承诺，就是对有效性的承诺

## 未予先求得，无异于自断生路

**管理精粹**

很多管理者更在意自己没有得到的“应有”的职权，结果是他们使自己的工作没有效率。

——《卓有成效的管理者》德鲁克

### ⊙精彩阐释

德鲁克认为，如果一个管理者只强调自己的权力，那么不管他对自己的头衔与职位是多么得意，他也只是个下属而已。相反，如果他重视贡献，那么不管他的职位多么低，他实际上就是高层管理人员。这是因为他能对整个机构的经营业绩负责，他所做的工作符合“最高管理层”的实际含义。事实上，机会往往青睐那些勇于付出的人。

一个年轻员工在很短时间内便晋升为公司的管理人员。有人问他成功的秘诀是什么，他这样回答道：“我在试用期的时候就注意到，每天下班后其他人都回家了，而老板却常常留在办公室里工作到很晚。我希望自己能有更多的时间学习一些东西，于是下班后也留在办公室里，处理一些业务方面的工作，同时给老板提供一些帮助。

“没有人要求我留下来，而且我的行为还遭到一些同事的非议，但我还是坚持这样做了，因为我认为我是对的……我和老板配合得很默契，他也逐渐形成了招呼我帮忙的习惯……”

就这样，这个年轻员工学到了很多新技能，并赢得了老板的信任和赏识，进而获得了加薪升职的机会。

可见，贡献多少永远与收获成正比。我们可以再看一个事例。

田迈是一家大型滑雪娱乐公司的普通修理工。这家滑雪娱乐公司是全国首家引进人工造雪机在坡地上造雪的大型公司。

一天深夜，田迈照例出去巡视，突然看见有一台造雪机喷出的不是雪而是水。凭着工作经验，田迈知道这种现象是由于造雪机的水量控制开关和水泵水压开关不协调而导致的。他急忙跑到水泵坑边，用手电筒一照，发现坑里的水已经快漫到动力电源的开关口，若不赶快采取措施，将会发生动力电缆短路的问题。这种情况一旦发生，将会给公司带来严重损失，甚至可能伤及到许多人的性命。

一想到这里，田迈不顾个人安危，毅然跳入水泵坑中，控制住了水泵阀门，防止了水的漫延。随后他又绞尽脑汁，把坑里的水排尽，重新启动造雪机开始造雪。当同事们闻讯赶过来帮忙时，田迈已经把问题处理妥当。但由于长时间在冷水中工作，他已经冻得走不了路了。闻讯赶来的老总派人连夜把田迈送入医院，才使他转危为安。出院的田迈一星期之后就被老总升为总经理助理。

从以上案例中我们可以看出，在你投入之后，回报就可能会在不经意间出现。强调贡献会使效率不断提高。如果只会抱怨，进而工作效率低下，留给自己的多半是被解雇这条路。

### 实用指南

如果你能勇于付出且乐于付出，如果你能用“要做就做到最好”的态度完成老板交给你的每一项工作，老板自然会信任你、赏识你，并将更重要的工作交给你去做。而你也将因此掌握更多的经验，拥有更强的个人能力，并且你将比别人拥有更多的晋升机会。

悦读心得

德鲁克的这一思想对你有什么启示，请拿起笔，写下你的所感、所思、所得：

## 卓有成效的管理者一定是高度负责的人

**管理精粹**

卓有成效的管理者会自问：“我应该贡献什么才能大幅度地提升我现任组织的绩效和成果？”他强调的是责任。

——《卓有成效的管理者》德鲁克

### ⊙精彩阐释

德鲁克说，但凡成功人士，必定是高度负责的人。负责是一种职业精神，缺乏这种职业精神的人，即便是从事自己最擅长的领域，也会做得一塌糊涂。工作就是意味着责任，责任感能够产生强大的工作动力。它不仅能使人排除万难，把不可能完成的工作任务完成得非常出色，还能使得人善于决断。

美国钢铁大王安德鲁·卡内基就有过一个关于责任感的经典案例。

年轻的时候，卡内基曾是铁路公司中一名普普通通的电报员。在一个周末，他正在值班，突然收到了一封紧急电报：在附近的铁路上，有一列装满货物的火车出了轨道。这份电报要求卡内基的上司通知所有途经这条线路的火车改行，以免发生撞车事故。

因为是在周末，卡内基一连打了好几个电话也没有找到主管此事的上司。而在这个时候，他又得到消息：有一辆载满乘客的列车即将驶到事故地点。眼看着时间在一点一点地流失，情况越来越危急。无奈之下，卡内基做出了一个十分大胆的决定：他冒充主管此事的领导给所有要途经这条线路的火车司机打电话，要求他们改行或暂停运行。

按照当时的公司规定，任何冒充上司擅自发布命令的行为，不仅要接受立即开除的处分，还有可能遭受起诉。卡内基在向各个司机打完电话之后，长吁了一口气，十分安静地给上司写了一封信："尊敬的领导：因为特殊情况，我冒充了您给各个火车司机发布了改行或暂停运行的命令。我愿意接受处罚……"

卡内基将这封信放在了上司的桌上。第二天，他并没有去上班，而是在家等着公司律师发给他的起诉函。但是，他等到的却是上司的电话。上司在电话中命令他立即到办公室报到。卡内基来到上司的办公室，他以为上司会狠狠地批评他，出乎意料的是，上司却当着他的面把那封信撕个粉碎。上司微笑着对他说："我刚接到通知，我被调到别的地方任职，我们决定由你来接替我的位置，"卡内基很惊愕，上司说，"不是因为你的业绩出色，而是因为你在昨天做出了正确的决定，你是一个敢于负责的人。"

可见，责任感会使人在做出决策时完全摒弃个人利益，一切以组织利益出发。

科尔顿说："人生中只有一种追求，一种至高无上的追求——对责任的追求。"我们每一个人都在生活中饰演不同的角色。无论一个人担任何种职务，做什么样的工作，都对其他人负有责任。这是社会法则，是道德法则，也是心灵法则。正是责任，让我们在困难时能够坚持，让我们在成功时保持冷静，让我们在绝望时懂得不放弃。当我们把责任之心携带在人生的道路上，平凡的人生必定散发出不平凡的淡淡的、金子般的光辉。

**实用指南**

对于任何人来说，一切成绩都是在责任感之后才可能产生的。换句话说，只有体现责任，才能取得成就。没有责任感，终将一事无成。责任感产生巨大的精神力量，并对行动产生决定性影响。所以，卓越的企业管理者都会在团队成员责任感上做足文章，只要责任感不缺失，哪怕是再平凡的团队，也能创造奇迹。

悦读心得

德鲁克的这一思想对你有什么启示，请拿起笔，写下你的所感、所思、所得：

## 重视贡献是提升成效的关键

**管理精粹**

对贡献的重视程度是提升成效的关键。

——《卓有成效的管理者》德鲁克

**⊙精彩阐释**

德鲁克认为，重视贡献便能使管理者的注意力从自己狭隘的部门、专业及技能转移到整个机构的经营业绩上来，使他更加重视外部世界。无论是管理者还是普通员工，苦劳固然使人感动，但只有那些作出实际业绩，能够为企业创造实实在在业绩的人才能够赢得公司的青睐，才能够获得更好的发展。

联想集团有个很有名的理念："不重过程重结果，不重苦劳重功劳。"这是写在《联想文化手册》中的核心理念之一。在这个手册中，还明确记录道："这个理念是联想公司成立半年之后开始格外强调的。联想为什么会着重强调这一理念呢？原来，这一理念的提出源自联想的创始人柳传志早年刚刚创建联想的一段经历。

在一次电视节目中，柳传志沉重地告诉大家：联想刚刚成立时，只有几十万元，由于轻信他人，资金被骗走了一大半。而且，骗他们的人，还是个很有背景的人。这样一来，公司元气大伤，甚至逼得员工要去卖蔬菜来挽回损失。

毫无疑问，刚刚创立时的联想，大家都有对事业拼命的干劲和热情。但是，光有干劲和热情，并不能保证财富的增加与事业的成功。不仅如此，商场如战场，如果缺乏智慧和方法，光有善良、热情、好心等品质是远远不够的，这极有可能给企业造成巨大的损失！

当时就那么一点点资金，如果没有用好，公司就有可能夭折、破产！这时，只是强调工作繁忙、勤奋、卖命、辛苦等，已经没有太多的意义。经过了这一教训，联想的全体员工后来做事不仅越来越冷静、踏实，而且特别重视策略和方法。

联想自从成立以后，到如今已经 20 年。这 20 年，它已经从几个下海的知识分子的公司，变为了一家享誉海内外的高科技公司。它之所以有这样大的发展，毫无疑问与其核心理念密切相关。

业绩是衡量人才的唯一标准。一位曾在外企供职多年的人力资源总监颇有感触地说："所有企业的管理者和老板，只认一样东

西，就是业绩。老板给我高薪，凭什么呢？最根本的就要看我所做的事情，能在市场上产生多大的业绩。”现在就是一个以业绩论英雄的时代。

**实用指南**

不管你的能力如何，不管你工作是否努力，想在公司里成长、发展，想要实现自己的目标，都需要有业绩。因为你创造的业绩是公司发展的决定性条件。管理者不仅要以业绩为导向考核下属，更要强化自己的绩效。

悦读心得

德鲁克的这一思想对你有什么启示，请拿起笔，写下你的所感、所思、所得：

## 管理者应常为下属服务

**管理精粹**

卓有成效的管理者会询问组织内的上司、同事及下属：你需要我哪些支持才能提升你对组织的贡献？

——《卓有成效的管理者》德鲁克

**⊙精彩阐释**

德鲁克说，卓有成效的管理者总想了解别人需要什么。除了积极地理解上级的意图之外，他们还会千方百计地激励下级，以使其取得成绩。为下属服务，这是他们信奉的一条重要工作原则。

沃尔玛的公仆式领导一直都很有名。早在创业之初，沃尔玛公司创始人山姆·沃尔顿就为公司制定了三条座右铭：顾客是上帝、尊重每一个员工、每天追求卓越。沃尔玛是“倒金字塔”式的组织关系，这种组织结构使沃尔玛的领导处在整个系统的最基层，员工是中间的基石，顾客放在第一位。沃尔玛提倡“员工为顾客服务，领导为员工服务”。

沃尔玛的这种理念极其符合现代商业规律。对于现今的企业来说，竞争其实就是人才的竞争。作为企业管理者只有提供更好的平台，员工才会愿意为企业奉献更多的力量。上级很好地为下级服务，下级才能很好地对上级负责。员工好了，公司才能发展好。企业就是一个磁场，企业管理者与员工只有互相吸引才能凝聚出更大的能量。

但是，很多企业看不到这一点。不少企业管理者总是抱怨员工素质太低，或者抱怨员工缺乏职业精神，工作懈怠。但是，他们最需要反省的是，他们为员工付出了多少？作为领导，他们为员工服务了多少？正是因为他们对员工利益的漠视，才使很多员工感觉到企业不能帮助他们实现自己的理想和目标，于是不得不跳槽离开。

这类企业的管理者应该向沃尔玛公司认真学习。沃尔玛公司在实施一些制度或者理念之前，首先要征询员工的意见：“这些政策或理念对你们的工作有没有帮助？有哪些帮助？”沃尔玛的领导者认为，公司的政策制定让员工参与进来，会轻易赢得员工的认可。

沃尔玛公司从来不会对员工的种种需求置之不理，更不会认为提出更多要求的员工是在无理取闹。相反，每当员工提出某些需求之后，公司都会组织各级管理层迅速对这些需求进行讨论，并且以最快的速度查清员工提出这些需求的具体原因，然后根据实际情况做出适度的妥协，给予员工一定程度的满足。

在沃尔玛领导者眼里，员工不是公司的螺丝钉，而是公司的合伙人，他们尊重的理念是：员工是沃尔玛的合伙人，沃尔玛是所有员工的沃尔玛。在公司内部，任何一个员工的铭牌上都只有

名字，而没有标明职务，包括总裁，大家见面后无须称呼职务，而直呼姓名。沃尔玛领导者制定这样制度的目的就是使员工和公司就像盟友一样结成了合作伙伴的关系。

为员工提供服务，把员工视为企业的合作伙伴，这是员工最希望的关系。这种有效的方式，能实现“双赢”。所以卓有成效的管理者都明白，员工不是公司的螺丝钉，而是公司的合伙人。在实际管理过程中，他们总是想尽办法为员工提供方便。

**实用指南**

把员工视为企业的合作伙伴，就能增加相互的协作。这样不仅员工能迅速成长，也能为企业带来巨大的效益。对于管理者而言，要想成为下属的合作伙伴，就要常问下属需要自己提供哪些帮助，就要主动接触下属。

悦读心得

德鲁克的这一思想对你有什么启示，请拿起笔，写下你的所感、所思、所得：

## 与下属共享成果

**管理精粹**

如果公司内最高和最低工资差距达到 20 ： 1，这已经临近警戒线了。倘若这种悬殊的差距进一步拉大，那么只会造成员工对公司的不满，并造成员工士气受挫，那么公司必然会遭到重创。

——《未来社会的管理》德鲁克

## ⊙精彩阐释

德鲁克经常这样告诫经理人：对员工来说，企业领导者与其分享成果是一种对自己最大的激励。一个乐于同员工分享劳动成果的企业领导者，员工也乐于为企业的发展拼博奋斗。这样企业和员工才会在某种意义上达到双赢，双方共同的创业之路才会越走越远，越走越顺。所以，企业领导者在日常管理实践中，务必要牢记此训。做到适时地把劳动成果与自己的下属共享，这样自己的管理工作才会得到有效进行，才会在日后取得更突出的业绩。

“与天下齐利”就是与大家分享劳动成果。员工的成果其实就是老板的收获。无论员工的功劳多大，最大的得利者还是老板。把员工的劳动成果与他们共享，对老板不会有丝毫损失，对员工则是莫大的激励，他们的工作也会更积极主动。因此，一个乐于同员工分享成果的管理者，才能成为笑到最后的成功者。

在企业里，不夺功的领导者才可能取得成功，也就是要有“与天下齐利”的精神才能获得长足的发展。

楚汉争霸之时，各路诸侯约定“先入关中者王之”。刘邦率领大军，一路上战无不胜，先项羽一步入主关中。刘邦初进咸阳，秦宫室、宝物、美女尽收眼底，刘邦均不取。那他取什么呢？他的谋士萧何赶到秦王朝的宰相府，把图书、档案全收起来，以此尽知天下要塞、户口多少，哪里强、哪里弱，为日后的战争需要搜集了大量材料。

更为重要的是，刘邦和他的谋士做了如下决定：废除秦王朝苛法，与秦民约法三章，“杀人者死，伤人及盗抵罪”；准许秦王子婴投降，并安抚降吏，安定民心。这两项决定，表现了刘邦顺天时，与天下黎民同利益的决心，使秦民大喜，唯恐刘邦不为王，因而争取到了人民的拥护，为他取得天下打下了深厚的基础。

而项羽进关中后，又如何呢？他一路上杀死降军二十多万，屠杀咸阳人民无数，杀死子婴。烧宫室、杀兵士、抢夺财宝和妇女，使秦民大失所望，由此也埋下了他失败的种子。

从刘邦项羽不同的利益分享方式而引发的不同人生结局，管理者可以得出这样一个启示：作为一名管理者，应设法让员工分享现有的劳动成果。别忘了，分享才是对员工的最大激励。谁都喜欢晋级，谁都喜欢加薪，管理者是这样，员工也如此。当管理者晋级加薪之时，别忘了为你打下江山的员工们，设法让他们分享你的利益，让他们也有所晋升，或得到一些奖励，这才是对员工最大的关心。

“己所欲，施于人”，当你加官晋级时，同时也把你的成果与手下的员工分享，可以想象，员工会是何等的忠诚，这样的企业也必然是上下一心，动力十足，也必然会使效益如芝麻开花节节高。

陈立是一家国有企业的公关部经理，由于在与外商谈判中，压低了商品价格，为企业节省了几十万元，因此企业总经理决定为陈立加薪一级，同时大幅度增加了他的提成。

获得奖励后，陈立首先想到的就是和自己一起奋战几昼夜商讨谈判方案的员工们，于是慷慨解囊，宴请员工，随后又请他们周末一起去度假。这样一来，陈立不仅得到了上司的赏识，还得到了员工的爱戴。其实宴请费用并不多，却大大赢得了员工们的一片忠心，今后他们更加卖力地为陈立和企业效力了。

由此，对领导者来说，让手下的员工分享你的劳动成果，不仅是对他们最大的激励，也是让自己再创佳绩的基础和动力。何乐而不为呢？

**实用指南**

在信息时代，企业要持续健康发展，营造分享环境、建立和完善分享机制，已经显得越来越必要和迫切。在中国，每年有近几十万家企业倒闭。企业倒闭有各种各样的原因，最致命的往往是由于缺乏企业持续发展的加速器。而对于企业来说，建立一个完善的企业分享机制，就是建立一个合理的团队分享机制。

悦读心得

德鲁克的这一思想对你有什么启示，请拿起笔，写下你的所感、所思、所得：

## 重视贡献是管理者挖掘潜能的重要方法

**管理精粹**

“我能贡献什么？”这个问题就是要找出工作尚未运用到的潜能。

——《卓有成效的管理者》德鲁克

**⊙精彩阐释**

德鲁克认为人的潜力是无穷的，当管理者提出“我能作什么贡献”这个问题时，实际上就是在促使自己要充分挖掘潜力。

1961年，韦尔奇已经作为一名出色的工程师在GE（美国通用电气公司）工作一年了，他的年薪是10500美元。这时候，韦尔奇的顶头上司伯特·科普兰给他涨了1000美元，韦尔奇觉得还不错。他以为这是公司对有贡献的人的奖赏，他看到了自身的价值，但他很快发现办公室中的4个人的薪水居然完全一样。

他有无数的理由认为，自己应该比其他人挣得多。韦尔奇找到了伯特·科普兰，得到的解释是这是公司预先确定好的标准的工资浮动。韦尔奇一天比一天萎靡不振，终日牢骚满腹，无心工作。

一天，科普兰的上司，时任GE新化学开发部年轻的主管鲁本·加托夫将韦尔奇叫到自己的办公室。他语重心长地对韦尔奇说："你来GE虽然只有一年时间，但我很欣赏你的才华与工作热情。韦尔奇，以后的路还长着呢，对你个人而言，整日抱怨，无心工作，只会浪费GE这个大舞台，难道你不希望有一天能站到这个大舞台的中央吗？"

这次谈话被韦尔奇称为是改变命运的一次谈话，后来当上执行总裁的韦尔奇也一直尊称加托夫为恩师。韦尔奇此时要做的就是停止抱怨，争取尽快脱颖而出，让自己有一个新的根本性的改变。一直负责韦尔奇所在的实验项目的聚合物产品生产经理鲍勃·芬霍尔特因成绩突出被提升到总部担任战略策划负责人，这样经理的职位就空缺了下来。"我为什么不试试呢？"韦尔奇想，韦尔奇不想看着这个可以改变自己的机会从自己眼前溜走，这个富有挑战性的工作实在是太有诱惑力了。和加托夫以及其他人吃完晚餐后，韦尔奇跟着加托夫来到停车场，并且坐在加托夫的汽车上。"为什么不让我试试鲍勃的位置？"韦尔奇开门见山地说。

加托夫当时并没有答复韦尔奇，但当他把车开出停车场的时候，他似乎明白了韦尔奇是多么需要用这份工作来证明自己能为公司做些什么。他对站在街边的韦尔奇大声说道："你是我认识的下属中，第一个向我要职位的人，我会记住你的。"在接下来的7天里，韦尔奇不断给加托夫打电话，列出一些他适合这个职位的其他原因。他说的最多的一句话就是：我希望为GE做出更大的贡献。

一个星期后，加托夫打来电话，告诉韦尔奇，他已被提升为塑料部门主管聚合物产品生产的经理。韦尔奇进入GE的第八年，他被提升为主管塑料业务部的总经理，当时他年仅33岁，是这家大公司有史以来最年轻的总经理。

最终，杰克·韦尔奇凭借自己对公司的卓越贡献，稳稳地站到了董事长兼首席执行官的位置上，站到了GE这个大舞台的中央。

正是强调对组织的贡献，使得韦尔奇最终站在了GE的最高点。

**实用指南**

即便管理者已经拥有了卓越成绩，但若能进一步探究“我还能做哪些贡献”，那么一定能进一步激发自己的潜能。

悦读心得

德鲁克的这一思想对你有什么启示，请拿起笔，写下你的所感、所思、所得：

## 目标能够产生动能

**管理精粹**

人们都是根据自己设定的目标和要求成长起来的，知识工作者更是如此。

——《卓有成效的管理者》德鲁克

**⊙精彩阐释**

德鲁克说，人们总是按照自己定下的目标和方向不断前进的。如果他们对自己没什么要求，那他们就只能在原地踏步，不会有任何发展。如果他们对自己的要求很高，那么他们就会发展成为能力特别强的人，而且所花的时间和力气也并不见得比成就不明显的

人多。

韩国前总统金泳三1927年12月20日出生在与釜山市隔海相望的巨济岛，父亲金洪祚是一位渔场主，母亲朴富连是位贤惠朴实的家庭主妇。

少年时代的金泳三，虽然家庭生活还算充裕，但他入学就读的条件非常差。因为附近没有学校，从6岁开始他每天都得爬两座小山，到2公里以外的小学去读书。升入中学后，他又要到离家更远的学校去就读。在小学就读期间，他不怕路途遥远，不顾山路崎岖，磨炼出了吃苦耐劳的坚强意志。进入中学后，他更加刻苦用功，以求获得更多的知识。

在读高中时金泳三就梦想成为韩国的总统。这位青年在与同学们畅谈未来的志向时，挥笔写出了“金泳三——未来的总统”的大条幅，并把它贴在宿舍的墙壁上。正是这个美好的梦想，驱使他在日后的征途中百折不挠、坚贞不屈，成就了一番大业。

同样可以证明目标的力量是哈佛大学曾经做过的一个极其著名的人生实验。

学者们调查了一群智力水平、学历、成长环境、家庭背景等各项条件极其相近的大学毕业生，结果是这样的：27%的人没有目标，60%的人目标模糊，10%的人有清晰但比较短期的目标，3%的人有清晰而长远的目标。

25年后，哈佛再次对这群学生进行了跟踪调查，结果令人大为吃惊：有清晰而长远的目标的那部分人（3%），都成为了各自领域的领袖级人物；有清晰但比较短期的目标的那部分人（10%），成为了各个领域中的专业人士；目标模糊的人（60%），却事业发展平平；而那些没有目标的人（27%），几乎都一事无成，过得很不如意。

这就证明是否具有目标而带来的差异。他们之间的差别仅仅在于，25 年前，他们中的一些人知道自己到底要什么，而另一些人则不清楚或不是很清楚。

**实用指南**

一位成功的管理者说过：“人生如果没有目标，就无法得到充实，就不能前进或发展。”目标就像前方鲜明的旗帜，指引着管理者向前奋进，是成功的第一推动力。

悦读心得

德鲁克的这一思想对你有什么启示，请拿起笔，写下你的所感、所思、所得：

## 专注于梦想更利于发挥潜能

**管理精粹**

你的首要责任就是充分发挥自己最大的能力，因为这一切都是为了你自己。

——《使命与领导》德鲁克

**⊙精彩阐释**

德鲁克认为，发挥出自己最大的潜能，才能获得成功。发挥最大潜能的秘诀是聆听自己内心梦想的召唤。每一位渴望在事业上有所成就的人，心中都有一个属于自己的梦想。

牛津大学的教授奥德赛从小有一个梦想，就是希望自己能像他心目中的英雄那样能改变世界，服务于全人类。不过，要实现他的目标，他需要受最好的教育，他认为只有在美国才能

接受他需要的教育。无奈的是，他身无分文，没办法支付路费，而到美国足有10000英里的距离。

但奥德赛还是出发了。他必须踏上征途。他徒步从他的家乡尼亚萨兰的村庄向北穿过东非荒原到达开罗，在那儿他可以乘船到达美国，开始他的大学教育。他一心只想着一定要踏上那片可以帮助他把握自己命运的土地，其他的一切都可以置之度外。

在崎岖的非洲大地上，艰难跋涉了整整5天以后，奥德赛仅仅前进了25英里。食物吃光了，水也快喝完了，而且他身无分文。要想继续完成后面的几千英里的路程似乎是不可能的，但奥德赛清楚地知道回头就是放弃，就是重新回到贫穷和无知。

他对自己发誓：不到美国誓不罢休，除非自己死了。他继续前行。有时他与陌生人同行，但更多的时候则是孤独地步行。大多数的夜晚他都是过着大地为床，星空为被的生活。他依靠野果和其他可以吃的植物维持生命。艰苦的旅途生活使他变得又瘦又弱。

由于疲惫不堪和心灰意冷，奥德赛几欲放弃。他曾想说："回家也许会比继续愚蠢的旅途和冒险更好一些。"但他并未回家，而是翻开了他的两本书，读着那熟悉的语句，他又恢复了信心，继续前行。

要到美国去，奥德赛必须要有护照和签证，但要得到护照，他必须向美国政府提供确切的出生日期证明，更糟糕的是要拿到签证，他还需要证明他拥有支付他往返美国的费用。

奥德赛只好再次拿起纸笔给他童年时曾教过他的传教士们写了封求助信。结果传教士们通过政府渠道帮助他很快拿到了护照。然而，奥德赛还是缺少领取签证所必须拥有的航空费用。

奥德赛并不灰心，而是继续向开罗前进，他相信自己一定能通过某种途径得到自己需要的这笔钱。

几个月过去了，他勇敢的旅途事迹也渐渐地广为人知。关于他的传说已经在非洲大陆和华盛顿佛农山区广为流传。斯卡吉特峡谷学院的学生们在当地市民的帮助下，寄给奥德赛640美元，用以支付他来美国的费用。当他得知这些人的慷慨帮助后，奥德赛疲惫地跪在地上，满怀喜悦和感激。

1960年12月，经过两年多的行程，奥德赛终于来到了斯卡吉特峡谷学院。手持自己宝贵的两本书，他骄傲地跨进了学院高耸的大门。最终，他成为了世界顶尖大学牛津——大学的教授。

爱迪生说过，高效工作的第一要素就是专注。他说："能够将你的身体和心智的能量锲而不舍地运用在同一个问题上而不感到厌倦的能力就是专注。对于大多数人来说，每天都要做许多事，而我只做一件事。如果一个人将他的时间和精力都用在一个方向、一个目标上，他就会成功。"奥德赛的经验就充分证实了这一点。

专注于某个目标，并全身心投入的人，往往会创造出工作的奇迹。在当今时代，没有哪家企业、哪个老板会喜欢做事三心二意、三天打鱼两天晒网的员工。从这种意义上说，工作专心致志的人，就是能把握成功机遇的人，只有一心一意做事的人，才能受到老板的器重与提拔。

**实用指南**

戴尔电脑公司的总裁戴尔·迈克尔在一次职工大会上告诫员工说："专注，具有神奇的力量。它是一把打开成功大门的神奇钥匙！它能打开财富之门，它也能打开荣誉之门，它还能打开潜能宝库的大门。在这把神奇钥匙的协助下。我们已经打开了通往世界所有各种伟大发明和成功的秘密之门。"对于一名高效能人士来说，应当从自己的兴趣、特长起步，找到自身的发展方向，明确自己的目标，并全力以赴地实现它。

悦读心得

德鲁克的这一思想对你有什么启示,请拿起笔,写下你的所感、所思、所得:

## 让自己的知识帮助组织成长

**管理精粹**

管理者会设法让自己的知识成为组织成长的机会。

——《卓有成效的管理者》德鲁克

### ⊙精彩阐释

德鲁克认为，优秀的管理者可以使企业的目标与个人的需求很好地结合起来。想充分发挥自己及他人的长处的管理者，一定要使企业的绩效与个人的成就协调起来。他会设法让自己的知识成为可以帮助企业抓住机遇的因素。通过强调贡献，他可以使自身的价值转化为机构的效益。

比尔·盖茨说:“技术的背后是人。过去几十年社会的种种进步，乃是源于天才身上的一种无法预测的创造力。对于微软公司而言，最重要的是人，而不是钱。只要最优秀的人在，钱就会失而复得，而失去了人，微软才是真的完蛋了。”他始终相信，一个优秀的人能够改变大局面。罗兰德·汉森就是这样的人。

1981年底，微软已经控制了个人电脑的操作系统市场，并决定进军应用软件领域。盖茨决定把微软公司变成不仅开发软件，而且具备零售营销能力的公司。他打算一边从事产品生产，一边从事产品销售，全面投入市场竞争。但是，市场营销却令盖茨感到头疼，因为在软件程序设计方面，微软的人才都是高手，而在市场营销方面，则找不出一个很懂得行情的人。

盖茨明白了问题的症结，于是就四处打听，八方网罗市场营销方面的人才。最后，终于从肥皂大王尼多格拉公司挖来了罗兰德·汉森。他刚一上任，盖茨就任命他为公司的营销副总裁。虽然汉森在软件设计方面可以说是完全的“门外汉”，但是他在市场营销方面却有着极其丰富的知识和经验。盖茨要汉森负责微软公司的广告、公关和产品服务，以及产品的宣传与推销。

汉森做事雷厉风行，上任第一天就给微软的员工们上了一堂生动的营销课。“品牌会产生光环效应。只有让人们对品牌产生联想，产品才会更容易被接受”“当你用这个品牌推出新产品时，依靠品牌的光芒，它会更容易站住脚，更容易受欢迎”。汉森给这群只懂软件、不懂市场的“营销盲”进行了一次生动的启蒙教育。在汉森的带动之下，微软公司做出决定：从今以后，所有的微软产品都要以“微软”为商标。

从那以后，微软公司的所有不同类型的产品都打出“微软”品牌。不久以后，这一品牌在美国、欧洲乃至全球都成为家喻户晓的名牌。直到此时，微软公司的市场销路问题才算是得以圆满解决。

罗兰德·汉森以自己的长处和知识扭转了微软营销不利的局面，使得微软有机会成为全球最有影响力的互联网公司。

**实用指南**

德鲁克说，管理者应协调好以下两种需求：企业需要让个人为其做出所需的贡献；个人需要把企业当成实现人生目标的舞台。管理者不仅要善于发挥自己的长处，还要善于使自己的优势成为能够为企业创造成果的机会。只有这样，管理者的工作才能变得卓有成效，并且不可替代。

悦读心得

德鲁克的这一思想对你有什么启示，请拿起笔，写下你的所感、所思、所得：

## 成效来自于对机会的高效利用

**管理精粹**

成效本身必定是来自于对机会的利用，而不单单是为了解决问题。

——《成果管理》德鲁克

**⊙精彩阐释**

德鲁克认为，无论是对于企业成果或是个人业绩，成效都是建立在对机会的利用和对自己的信心上。

作为全球知名的两大可乐公司，百事可乐与可口可乐的竞争愈演愈烈。不过，20世纪初的二三十年代，可口可乐几乎称霸了整个可乐市场。可口可乐是可乐的最早发明者，可乐的历史也由它而起。作为跟随者的百事可乐，在最初成立的几十年间，一直将可口可乐视为自己的榜样。

20世纪30年代以前，百事可乐根本不敢想象应该如何与可口可乐进行竞争。百事可乐同当时美国其他数以百计的可乐公司一样，将公司的经营理念重点放在学习可口可乐的运营模式上。作为可乐领域的小字辈，百事可乐一直仰人鼻息。百事可乐曾三次请求可口可乐收购自己，都遭到了拒绝。

强大对手的存在，最终激起了百事可乐的斗志。1939年，百事可乐改变了过去的经营理念，他们开始寻找突破口。百事可乐发现，所有可乐公司都按照可口可乐6.5盎司的标准进行装瓶。

百事可乐找到了提升知名度的方法，他们推出了与6.5盎司同样价钱，却有12盎司分量的“双倍装”。百事可乐还提出了一个非常吸引人的口号：一份钱，两份货。百事可乐的新包装，迅速吸引到大量的消费群体。

百事可乐的这一创举，让包括可口可乐在内的所有可乐公司手足无措。当时6.5盎司的标准被消费者普遍接受，而美国各地的自动贩卖机上的瓶装可乐都是按照这一标准包装的。可口可乐作为当时最大的可乐供应商，一时间根本不可能进行包装改换。这一次，百事可乐取得了巨大成功。到第二次世界大战结束，百事可乐已经成为全美第二大可乐生产商。

自此，可口可乐开始将百事可乐作为自己的头号竞争对手。面对百事可乐的竞争，可口可乐采取了应对措施，在1955年推出了大瓶装可乐。百事可乐面对可口可乐的出击，再一次对自身的发展战略进行了重大调整。可口可乐公司一贯塑造的产品形象是传统的、正宗的，百事可乐将自己的产品形象定位在新潮的、年轻的。

这次定位的调整对百事可乐的发展至关重要，不仅使百事可乐有了自身的品牌效应，而且与可口可乐的产品进行了区隔，目标群体更为明确，自此以后，百事可乐的战略部署始终围绕在“年轻”与“新潮”上，它有了自己新的广告宣传语：“新一代的选择”。在1985年，百事可乐有了历史性的突破，首次在销量上超过可口可乐，成为当时市场的王者。

对手的漏洞就意味着是自己的机会。解决问题是成效的基本要求，除此之外，成效还要能为企业带来实现飞跃的机会。

**实用指南**

每一次机会的到来，对于任何人来说，都是一次严峻的考验。它不仅需要勇气，更需要智慧。抓住了机会，就会使工作富有成效，

企业发展也会因此而实现质的提升。

悦读心得

德鲁克的这一思想对你有什么启示，请拿起笔，写下你的所感、所思、所得：

# 第二章　卓越是训练出来的——成果管理至上

## 卓越是训练出来的

**管理精粹**

卓有成效的管理者有一个共同点，那就是他们在实践中都要经历一段训练，这一训练使他们工作起来能卓有成效。

——《卓有成效的管理者》德鲁克

### ⊙精彩阐释

德鲁克认为，成功的管理者有一个共同点，那就是他们在实践中都要经历一段训练，这一训练使他们工作起来卓有成效。不管他们是在政府机构内、企业机构内、医院内，还是学校内，不管他们是干什么的，这些训练的内容都是一样的。

1988年，24岁的杨元庆进入联想工作，公司给他安排的第一个工作是做销售业务员。多年以后，杨元庆还记得，他骑着一辆破旧的自行车，穿行在北京的大街小巷推销联想产品时的情景。

虽然刚开始杨元庆并不喜欢做销售工作，但他仍然干得非常认真，并且卓有成效。正是销售工作的历练，使杨元庆后来能够面对诸多困难。也正是杨元庆敏锐的市场眼光和出色的客户服务，引起了柳传志的注意。

1992 年 4 月，联想集团任命杨元庆为计算机辅助设备（CAD）部总经理。杨元庆在这个位置上不仅创造出了很好的业绩，而且还带出一支十分优秀的营销队伍。

1994 年，柳传志任命杨元庆为联想微机事业部的总经理，把从研发到物流的所有权力都交给了他。2001 年 4 月，37 岁的杨元庆正式出任联想总裁兼首席执行官。

为了磨一磨杨元庆倔强的脾气，1996 年的一个晚上，柳传志在会议室里当着大家的面狠狠地批评了他："不要以为你所得到的一切都是理所当然的，你的舞台是我们顶着巨大的压力给你搭起来的……你不能一股劲只顾往前冲，什么事都来找我柳传志讲公不公平，你不妥协，要我如何做？"柳传志在骂哭杨元庆后的第二天给杨元庆写了一封信：只有把自己锻炼成火鸡那么大，小鸡才肯承认你比它大。当你真像鸵鸟那么大时，小鸡才会心服。

杨元庆回忆起当时的情景说："如果当初只有我那种年轻气盛的做法，没有柳总的妥协，联想就可能没有今天了。"经过不断的"折腾"，杨元庆最终成了一名经得起任何压力的"铁人"。

由此可见，卓越有时只需要我们在过程中少一点放弃，多一点坚持；少一点退缩，多一点磨炼。

这就好像一只蝴蝶幼虫，一个善良的人觉得它在茧中拼命挣扎太过辛苦，出于好心，就用剪刀轻轻地将茧壳剪掉，让幼虫轻易地从里面爬了出来。然而不久以后，那只幼蝶就死了。

幼蝶在茧中的挣扎是生命中不可缺少的一部分，是为了让身体更强壮、翅膀更有力。如果不经过必要的破茧过程，它就无法适应茧外的环境。一个人如果不经历必要的磨难，他就很脆弱，没有能力抵抗以后的风风雨雨；一个公司如果不靠自己的力量冲破困境，这个公司就无法有长远的发展。

**实用指南**

对真正的人才来讲，溺爱即是摧毁，而折腾恰恰是培养和检验。一个人如果不经历必要的磨难，就会很脆弱，没有能力抵抗以后的风风雨雨。

悦读心得

德鲁克的这一思想对你有什么启示，请拿起笔，写下你的所感、所思、所得：

## 卓越领导的五项修炼

**管理精粹**

想要成为卓有成效的管理者，至少需要五种训练。第一，卓有成效的管理者应该知道如何分配时间。他们善于通过对时间的掌握，实现有系统的工作。第二，卓有成效的管理者往往专注于贡献。第三，卓有成效的管理者会使自己的长处得到充分发挥。第四，卓有成效的管理者会锁定少数几个领域，并在这些领域中，用优异的表现带来卓越的成效。第五，卓有成效的管理者会做出最有效的决策。

——《卓有成效的管理者》德鲁克

**⊙精彩阐释**

德鲁克认为管理时间必须会计划时间、简化工作以及授权于人。时间的价值非比寻常，它与我们的发展和成功关系非常密切。同样的工作时间、同样的工作量，为什么我们不能像别人那样在第一时间完成任务？计划时间，就是要制定目标，使自己明白自己是如何利用时间的。

很多人每天忙得不可开交，他们总是行色匆匆，总是有做不完的工作，开不完的会，吃不完的宴席。为什么会出现这种情况？德鲁克认为，很多人根本没分清楚哪些事情该做，哪些事情不必做，哪些事情纯粹是在浪费时间。所以，作为管理者，必须剔除那些浪费时间的事情，做最有用、最有价值的事。

学会管理自己的时间，必须尽量少做浪费时间的事。任何一个管理者，都没有足够的时间完成他想完成的事情。所以，管理者应该学会如何授权，让别人去完成一些事情。管理者没必要事必躬亲，只有尽量减少管理，放手让别人干，才是明智之举。管理者既不是神仙，也不是超人，他的精力和能力都是有限的。因而，管理者只能想大局、议大事，而不必事无巨细，事必躬亲，更不必独揽大权。

卓有成效的管理者专注于外在的贡献，他们不在乎实际的个人行为，而是想着怎么去贡献。

爱迪生未成名前生活比较贫困。那时候他为了研究试验，经常穿同一件衣服。一次，他的老朋友在街上遇见他，看见爱迪生还穿着上次见到他时所穿的那件衣服，关心地说："看你身上这件大衣破得不成样了，你应该换一件新的。"

"用得着吗？在纽约没人认识我。"爱迪生毫不在乎地回答。几年过去了，爱迪生成了大发明家。有一天，爱迪生又在纽约街头碰上了那个朋友。"哎呀，"那位朋友惊叫起来，"你怎么还穿这件破大衣呀？这回，你无论如何要换一件新的了！""用得着吗？这儿已经人人都认识我了。"爱迪生仍然毫不在乎地回答。

爱迪生专注于自己对社会的贡献，而忽视自我的形象和物质需求，这种心态和境界很值得现代人学习。

卓有成效的管理者应尽量发挥自己的长处。天生我才必有用，即使是再愚蠢的人，也一定有自己的长处。我们往往羡慕别人所拥有的优点，而忽略了自己本身具有的优点和长处。善于发挥的特长，是现代人应具有的本领之一。有一句名言曾经说过：“生活如一个剧本，重要的不是长度而是精彩度。”尺有所短，寸有所长。人生的诀窍就在于利用自己的长处。

美国著名作家马克·吐温曾经试图成为一名出色的商人。他投资开发打字机，最后赔掉了5万美元，一无所获。马克·吐温看见出版商因为发行他的作品赚了大钱，心里很不服气，也想获得这笔财，于是他开办了一家出版公司。然而，经商与写作不同，他又很快把公司的资金赔光。

经过两次打击，马克·吐温终于认识到自己毫无商业才能，于是断了经商的念头，开始在全国巡回演说。这回，风趣幽默、才思敏捷的马克·克吐温完全没有了商场中的狼狈，重新找回了感觉。最终，马克·吐温靠写作与演讲还清了所有债务。

卓有成效的人能够最大化地利用自己的长处和优点，因为唯有利用自己的长处，才能使自己的人生增值；相反，暴露自己短处会使自己的人生贬值。有一句话说得好：“宝贝放错了地方便是废物。”

管理者应该懂得，做出有效的决策对他们有多么重要。

有一次，皮柏陪妈妈去欧洲观光。当轮船航到新奥尔良时，一位陌生人向他推销咖啡，而且价钱只是平时的一半，很多人在犹豫不决，但皮柏只是考虑了一会儿就买下来了。就在他买下不久，巴西咖啡因为受寒而减产，价格一下子就涨到了平时的2～3倍。皮柏大赚了一笔。

管理者的决策就是这样，有效决策能够使你的团队效率如同皮柏购买的咖啡一样翻上几倍，否则，团队将因为决策的失效而陷入群龙无首的泥潭之中。

**实用指南**

管理者想要在管理上获得卓越成效，就要懂得如何去训练自己，德鲁克提出的这五项修炼，便是最好的修炼途径和方法。

悦读心得

德鲁克的这一思想对你有什么启示，请拿起笔，写下你的所感、所思、所得：

## 树立明确的结果意识

**管理精粹**

有效的管理者并非为工作而工作，而是为成果而工作。

——《卓有成效的管理者》德鲁克

**⊙精彩阐释**

德鲁克认为，卓有成效的管理者一定是为成果而工作的人。他们关注于结果，并想尽一切办法去获得好的结果。他们只关心结果，对找借口不感兴趣。他们只在意是否做了正确的事情，而不愿意花费精力和资源来为不能达成积极结果找理由。

有位出租车司机拥有自己的房子，两个孩子皆在大学里读书。一天，一位乘客上了他的车，发觉他心情不佳，于是开口了解其状况，才知道最近他老婆买股票亏了 20 万。这位乘客听了吓一大跳，以一般开出租车的收入而言，实在很难想象能有此余钱，可以让老婆花费近 20 万。乘客心里想着，于是好奇地追问："您是如何赚得这么多钱的？"

司机笑笑说："其实很简单，从30年前开始开出租车，我就养成一个习惯，那就是我每天早上八点出门，一定要工作到收入超过300元才回家休息，您知道吗？我每天还来得及看晚上八点的电视节目。因为我知道我必须达到什么结果，所以不会将时间用在与其他朋友闲聊或午休方面，一心只想赚到300元这个结果，所以专注在工作上，效率自然高于一般同行，不仅收入尚可，生活正常，30年来，也未曾想过换职业。"

出租车司机每日设定营业额300元以上作为自己必须达到的目标，驱使他工作效率提升。反问自己，你想清楚自己必须达到什么样的结果了吗？只有想清楚自己必须达到什么结果，你才知道自己为何而忙，从而提高工作效率，更完美地完成工作。

心理学家阿德勒认为，特意深植在脑海中并维持不变的"明确的结果"，在下定决心要将它予以实现，渗透到整个潜意识，并自动影响到身体的外在行动以促成想要达到的结果。

因此，为了在明确的结果下点燃激情，实现自己的潜能，我们应该选择生命中的"主要目标"，选好之后，把它写下来，放在你每天至少可以看到一次的地方。其用意在于，把这个结果深深地印在你的潜意识中，把它当作一种模型或蓝图，让它支配你生活中主要的活动，一步一步地向它迈进。

只要一个人能够妥当地发展他的"明确的主要目标"，那么，在"合理的范围之内"，没有什么事情是他办不到的——有很多的证据可以支持这种说法。林肯借助于这样的方法，跨越了一道宽广的鸿沟，从肯塔基山区的一栋小木屋走出来了，最后成为美国总统。西奥多·罗斯福更是借助于这一方法使自己成为美国最有作为的总统之一。安德烈·阿加西先生也是结果意识的最终受益者。

安德烈·阿加西是英国一位著名的作家和演说家。多年前，他领会到了自我暗示方法的功效，立即加以运用。他制订出运用

这种方法的一项计划，结果证明极为有效。当时他既不是作家，也不是演说家。

每天晚上入睡之前，他会闭上眼睛，幻想自己看到了一张长长的会议桌，他（在想象中）安排了一些著名的人物坐在桌旁，而这些人物的个性和优点正是他极力想要模仿的对象。他把林肯安排坐在桌子的尽头，然后在桌子两旁分别坐了拿破仑、华盛顿、爱默生等伟人。最后，他对这些被他安排坐在想象中会议桌前的幻想人物发表谈话，谈话的内容大致如下：

对林肯先生：我渴望在自己的个性中培养出你所拥有的优点，正直、对所有的人充满耐心和幽默。我需要拥有这些优点，在我培养出这些优点之前，我不会罢手的。

对华盛顿先生：我渴望在自己的个性中培养出你所拥有的独特的优点，强烈的爱国意识、自我牺牲的精神，以及卓越的领导才能。

对爱默生先生：我渴望在自己的个性中培养出你所拥有的独特的优点，深邃的穿透力以及用想象解释大自然法则的能力，如同这些自然法则写在了石墙上、正在生长的树木上、潺潺流过的小溪里、盛开的花朵，或是小孩子的脸上。

对拿破仑先生：我渴望在自己的个性中培养出你所拥有的独特优点，能够拥有克服障碍的自信心、战略眼光、从失败中学到教训，以及从失败中发掘力量的能力。

对赫巴特先生：你能用清晰、简洁而有力的语言表达你自己的观点，我渴望能拥有与你同等，或超过你的这种能力。

一连好几个月，阿加西每天晚上都不断看到这些人物坐在那张想象中的会议桌旁，他最后终于把他们杰出的优点十分清楚地印在他自己的潜意识中，并开始形成一种由这些人物个性组成的属于他自己的个性。

想清楚自己必须达到什么结果，可以唤醒一个人的潜能。阿加西正是认识到了这一点而走向成功的。在这里，潜意识也许可以比作一块磁铁，当它使用，并与“明确目标”相互作用之后，它就会吸引住达到这个目的所必备的条件。

**实用指南**

管理者可以利用心理学上的这种方法，把“主要目标”深深的刻在潜意识中，这个方法就是所谓的“自我暗示”。

悦读心得

德鲁克的这一思想对你有什么启示，请拿起笔，写下你的所感、所思、所得：

## 人事决策是费时的决策

**管理精粹**

人事决策是费时的决策。

——《卓有成效的管理者》德鲁克

**⊙精彩阐释**

德鲁克说，人事决策是费时的决策。因为上帝造人时并没有想到他以后会来管理企业。

说到通用电气，不能不提到韦尔奇。这个个子不高（1.73 米），还有点口吃的家伙，从 1981 年至 2001 年担任董事长兼首席执行官长达 20 年，创造了一个令人难以置信的神话。

事实上，整个首席执行官的选择过程花了很长时间的。诚如长期担任通用电气顾问的诺埃尔·提区和《财富》杂志总编辑史崔佛·舍曼在合著的《通用电气传奇》一书中所说：“把可贵的通

用电气交到韦尔奇手上的传统管理程序，表明了老通用电气文化中最好的、最重要的一面。前首席执行官琼斯花了很多年时间，从一群能力极为高强、后来几乎个个都领导大公司的人当中把韦尔奇挑了出来……琼斯坚持采用一种漫长、费事、彻底而吃力的程序，仔细地考虑每一个合格的人选，然后完全靠理智选出最适合的人，得到的结果足可列为企业史上继承人规划的典范。"

琼斯在 1974 年——韦尔奇成为总裁之前 7 年，采取了这一程序中的第二个步骤，批准一份文件，名叫《CEO 传承指引》。他和公司高层经理、人力小组密切合作之后，花了两年时间逐步淘汰，把初步名单上的 96 个可能人选减少为 12 个，再减为 6 个首要人选，其中包括韦尔奇。

为了测验和观察这 6 个人，琼斯任命每个人都担任"部门经理"，直接接受首席执行官办公室领导。随后的三年里，他逐渐缩小范围，让这些候选人经历各种严格的挑战、访谈、论文竞赛和评估。程序中的一个关键部分包括"飞机访谈"。

韦尔奇在强敌中最后赢得了这场严酷的耐力竞赛。落选的人后来则分别出任吉梯电信、橡胶美用品、阿波罗电脑、美国无线电（RCA）等大公司的总裁或首席执行官。

管理的根本是人事决策，人事决策的核心是选优，选优的前提是确定什么样的人才选拔原则。德鲁克认为，管理者进行人才选拔，必须重视基本的选拔原则。他提出了五条原则，其中最重要的是两条，一是决策者要对用人负责，二是要选用合适的人做合适的事。

**实用指南**

事实上，任何人都很难完全合乎组织的要求，而人又是不可以随意"更改"的。所以，在人事上，就需要较长时间的思考和判断了。

悦读心得

德鲁克的这一思想对你有什么启示,请拿起笔,写下你的所感、所思、所得:

## 第一次就把事情做对

**管理精粹**

许多卓有成效的管理者在个性、能力、工作种类、工作方式、岗位、性格、知识及兴趣上都有天壤之别,但他们的共性是:拥有把对的事做好的能力。

——《卓有成效的管理者》德鲁克

**⊙精彩阐释**

德鲁克的这段话中包含了三个最为重要的概念:做正确的事,正确地做事,把事情做好。

"正确地做事"以"做正确的事"为前提,如果没有这样的前提,"正确地做事"将变得毫无意义。"把事情做好"以"正确地做事"为前提,如果不能正确地做事,在处理事务中未能有正确的方法,将不可能获得"把事情做好"这种理想的结果。

每个人都必须明确什么是正确的事。对于企业而言,所要进行的事情必须符合企业的价值观和使命,企业利益必须与公众、社会利益有机统一。企业只有顺应民意、强调社会效益,才能获得持久的经济效益。对于个人而言,所谓正确的事,不仅要符合个人的人生志趣,更要符合社会的价值观和组织的要求、利益。

著名管理学家克劳士比把"第一次就把事情做对"作为自己零缺陷理论的精髓之一。这一观点体现的是一种精益求精的工作态度。从全球知名汽车公司的全面质量管理和准时化生产中来看,人们会惊奇地发现,原来,第一次就把事情做对不仅是可能的,

而且是必须的。想想看，整条流水线上，每一个零配件生产出来之后马上就被送去组装，因为没有库存，任何一个环节出了质量问题，都会导致全线停产，所以必须百分之百地“第一次”就把事情做对。

美国市政厅的一份研究报告披露说，仅在华盛顿特区发生的因工作马虎造成的损失，每天至少有 100 万美元。该城市的一位商人曾抱怨说，他每天必须派遣大量的检查员去各分公司检查，尽可能地制止各种马虎行为。在许多人眼里有些事情简直是微不足道的，但积少成多，积小成大，一些不值一提的小事会影响他们做事的工作效率，当然也会影响到他们的晋升和事业的发展。

正如德鲁克所言，任何想要有所作为的人，都要选择正确的事情去做,采用正确的做事方式去做,本着把事情做好的原则去做,高效率、高质量、有创造性地完成任务。把对的事情做好，这是取得成功的秘诀，也是优秀管理者必备的素质之一。

**实用指南**

德鲁克认为，我们可以从以下几个方面来锻炼自己把对的事情做好的能力。

第一，善于学习。学习的方式有很多种，向书本学习是比较常见的一种。向书本学习，丰富学识，本着缺什么补什么的原则，多读书、读好书，学以致用，用以促学。

第二，做事要专注。面对五彩缤纷的世界,往往应接不暇；面对形形色色的诱惑,往往难以拒绝。总想得到更多,总想收获更丰，到头来无不验证了老子那句名言：“五色令人目盲,五音令人耳聋,五味令人口爽。”我们只有学会排除干扰、拒绝诱惑,真正静下心来专注地做一件事,成功才会离我们越来越近。

第三，有所为有所不为。这需要做出选择和取舍。阿西莫夫是一位科学知识普及者，同时也是一位自然科学爱好者。但他在自然科学研究上迟迟没有可以拿出手的成绩。一天，他在打字机前打字的时候，突然意识到："我不能成为一流的科学家，也许能成为一流的科普作家。"于是，他把全部的精力都放在科普创作上，终于成为著名的科普作家。

因此，要想成功，必须有所取舍，这样才能将有限的精力全部投入到自己选择的事情上，才有机会获得成功。

悦读心得

德鲁克的这一思想对你有什么启示，请拿起笔，写下你的所感、所思、所得：

## 把正确的事情做好，把不必要的工作砍掉

**管理精粹**

卓有成效的管理者唯一的共同点就是，将正确的事情做好，将不必要的工作砍掉。

——《卓有成效的管理者》德鲁克

### ⊙精彩阐释

德鲁克说："我见过的卓有成效的管理者，几乎没有什么共性，他们在性格、知识和兴趣方面都迥然不同。他们唯一的共同点就是，将正确的事情做好，将不必要的工作砍掉。"《共好》一书的作者肯·布兰佳也总是将这样的一句话挂在嘴边："不值得做的事，就不值得做好！"

多年来，很多效率管理专家不断宣扬要有效管理时间，以便解决所有的问题。但是，有些人在细心研究之后，发现了这种观点中不合理的因素，即原本不需要努力解决的事情，却在被人们浪费时间去处理，而当人们花费心思处理那些不重要的事情时，往往会忽略其他重要的事情。

安德烈·帕拉迪奥是利用时间的“楷模”，他从来不浪费一秒钟的时间，只要时间允许，他就一定会拼命工作。所有知道他的人都说：“看，安德烈·帕拉迪奥真是太会珍惜时间了！”人们都知道，为了能成为一名出色的建筑师，他拼命地想要抓住每一秒钟的时间。

每天，他把大量的时间用在设计和研究上。除此之外，他还负责很多其他方面的事务，每个人都知道他是个大忙人。他风尘仆仆地从一个地方赶到另一个地方，因为他太负责了，以至于不放心任何人，每一项工作都要自己亲自参与了才放心。时间长了，他自己也感觉到很累。

其实，在他的时间里，有很大一部分都浪费在管理乱七八糟的事情上。无形中，他增加了自己的工作量。有人问他：“为什么你的时间总是显得不够用呢？”他笑着说：“因为我要管的事情太多了！”

后来，一位教授见他整天忙得晕头转向，仍然没有取得令人骄傲的成绩，便语重心长地对他说：“人大可不必那样忙！”

“人大可不必那样忙！”这句话给了安德烈·帕拉迪奥很大的启发，就在他听到这句话的一瞬间，他醒悟了。他发现自己虽然整天都在忙，但所做的真正有价值的事实在是太少了！这样做对实现自己的目标不但没有帮助，反而限制了自己的发展。

如梦初醒的安德烈除去了那些偏离主方向的分力，把时间用在更有价值的事情上。很快，他的一部传世之作《建筑学四书》问世了。该书至今仍被许多建筑师们奉为“圣经”。

工作要有效率，忙要忙在点子上。每个人的精力总是有限的，并不是每一件事情都值得我们鞠躬尽瘁，只有像园丁那样剪去部分枝条，才能使树木更快地茁壮成长，增加果实的数量与质量。

作为领头羊的管理者，你的效率直接决定了整个团队的效率。

如果一个管理者想把值得不值得的所有事情都做好的话，那结果肯定是什么事情都做不好的。一流的人做一流的事，一个优秀的管理者做好值得的、有成效的事情就行了，因为这说明你的工作是卓有成效的。

**实用指南**

世界上无数的失败者之所以没有成功，并不是因为他们没有才干，而是他们不能集中精力、全力以赴地去做适当的工作，大好精力被浪费在东西南北各个方向上，而他们自己竟然还从未觉察到这一问题。管理者一定要把心中的杂念一一剪掉，把生命力里的所有养料都集中到一个方面，只有这样，自己的事业树上才能够结出美丽、丰硕的果实。

悦读心得

德鲁克的这一思想对你有什么启示，请拿起笔，写下你的所感、所思、所得：

## 要事第一，不值得的事情不要做

**管理精粹**

对于管理者而言，最困难的决定是确定出哪些事情暂时可以不去处理。

——《成果管理》德鲁克

**⊙精彩阐释**

德鲁克认为，集中精力在最重要的事情上，是很多成功人士所奉行的重要原则，同时，也是我们高效完成工作的一个重要前提。

遍布全美的都市服务公司创始人亨利·杜赫提说过，人有两

种能力是千金难求的无价之宝——一是思考能力；二是分清事情的轻重缓急，并妥当处理的能力。

白手起家的查理德·洛曼经过12年的努力后，被提升为派索公司总裁一职，年薪10万，另有上百万其他收入。他把成功归功于杜赫提谈到的两种能力。查理德·洛曼说："就记忆所及，我每天早晨5点起床，因为这一时刻我的思考力最好。我计划当天要做的事，并按事情的轻重缓急做好安排。"

弗兰克·贝格特是全美最成功的保险推销员之一，每天早晨还不到5点钟，便把当天要做的事安排好了（在前一个晚上预备）他定下每天要做的保险数额，如果没有完成，便加到第二天的数额，以后依此推算。

长期的经验告诉我，没有人能永远按照事情的轻重程度去做事。但是你要知道，按部就班地做事，总比想到什么就做什么要好得多。

著名的效率管理专家伯恩·崔西在一次演讲中，拿出了一个1加仑的广口瓶放在桌上。随后，他取出一堆拳头大小的石块，把它们一块块地放进瓶子里，直到石块高出瓶口再也放不下为止。

伯恩·崔西："瓶子满了吗？"

所有的学生应道："满了。"

伯恩·崔西反问："真的？"说着他从桌下取出一桶砾石，倒了一些进去，并敲击玻璃壁使砾石填满石块间的间隙。

"现在瓶子满了吗？"

这一次学生有些明白了，"可能还没有。"一位学生低声应道。

"很好！"

伯恩·崔西于是从桌下又拿出一桶沙子，把它慢慢倒进玻璃瓶。沙子填满了石块的所有间隙。他又一次问学生："瓶子满了吗？"

"没满！"学生们大声说。

然后伯恩·崔西拿过一壶水倒进玻璃瓶，直到水面与瓶口齐平。他望着学生，“这个例子说明了什么？”

一个学生举子发言：“它告诉我们：无论你的时间表多么紧凑，如果你真的再加把劲，你还可以干更多的事！”

“不，那还不是它真正的寓意所在，”伯恩·崔西说，“这个例子告诉我们，如果你不先把大石块放进瓶子里，那么你就再也无法把它们放进去了。”

“大石块”是一个形象逼真的比喻，它就像我们工作中遇到的事情一样，这些事情中有的非常重要，有的却可做可不做。如果我们分不清事情的轻重缓急，把精力分散在微不足道的事情上，那么重要的工作就很难完成。

作为一名公司的管理人员，要想提高工作效率，就是将你手头的工作排个序，轻重缓急做到心中有数，把最要紧的事放在第一位，把要紧的事情做好才能做好其他的事情。

做任何事情都要有计划性，要分清轻重缓急，然后全力以赴地行动，这样才能获得成功。但是，如何确定优先也是一件很复杂的事情。德鲁克提出了四个确定优先次序的重要原则：一、重将来而不重过去；二、重视机会，不能只看到困难；三、选择自己的方向，而不是盲从；四、目标要高，要有新意，不能只求安全和方便。

分类并排序后，才能从众多工作中提出重点，以要事优先的原则来处理事务才能达到管理上的高效，而后才能促进整个企业的高效运转。

### 实用指南

我们在工作中应如何提高自己的工作效能，做到要事第一呢？

**一、明确公司目标**

要做到要事第一，首先我们要明确公司的发展目标，站在全

局的高度思考问题，这样可避免重复作业，减少错误的机会。

**二、找出“正确的事”**

要实现要事第一，第二个关键就是要根据公司发展目标找出“正确的事”。

**三、过滤“次要信息”**

高效能人士应当学会有效过滤次要信息，让自己的注意力集中在最重要的信息上。

**四、保持高度责任感**

一名高效能人士在工作中要时刻保持高度的责任感，自觉地把自己的工作和公司的目标结合起来，对公司负责，也对自己负责。最后，发挥自己的主动性、能动性，去推进公司发展目标的实现。

**五、使用“优先表”**

一个人在工作中常常难以避免被各种琐事、杂事所纠缠。为此，每个人都应该有一个自己处理事情的优先表，列出自己一周之内急需解决的一些问题，并且根据优先表排出相应的工作进程，使自己的工作能够稳步高效地进行。

**六、学会说“不”**

一名高效能人士要学会拒绝，不让额外的要求扰乱自己的工作进度。

**七、沟通增效**

沟通在提高工作效率中有着十分重要的作用，如果你的工作中出现了这种情况，你千万不可保持沉默，而应该主动沟通，清楚地向老板说明你的工作安排，主动提醒老板安排事情的优先级，并认真聆听老板的意见，这样可大幅减轻你的工作负担。

悦读心得

德鲁克的这一思想对你有什么启示，请拿起笔，写下你的所感、所思、所得：

## 有效利用二八法则

**管理精粹**

一个事情再怎么简单，管理再怎么有条理，仍然会有许多事情需要去处理，但资源总会不够。

——《成果管理》德鲁克

### ⊙精彩阐释

德鲁克认为，如果你想获得更大的成功，而不是成为一个庸庸碌碌的“没事忙”，你就需要抛开那些低价值的活动，将你的时间花在高价值的活动上——那些真正能给你的生命带来成功和喜悦的事情。

生存在现在的社会里，必须要了解二八法则，比如说世界上80%的财富，掌握在20%的人手里；市场上80%的速食面，由20%的商人经营。此种规则，也可适用在时间上。

实际上所有的经济活动都服从这一原则：20%的罪犯所犯的案件占所有犯罪案的80%；20%粗心大意的司机，引起80%的交通事故；20%的产品，或20%的客户，为一家公司提供了80%的赢利；占公司人数20%的业务员，其营业额占公司总营业额的80%；占出席会议人数20%的与会者，发言率占所有发言的80%……

也就是说，在很多情况下，重要的东西往往只占整体的一小部分，却发挥着很大作用。这似乎意味着我们平时付出的80%的努力，也就是绝大部分的努力，都没有创造收益和效果，或者是没有直接创造收益和效果，而80%的收获却仅仅来源于20%的努力。

二八法则向人们揭示了一个真理，即投入与产出、努力与收

获、原因和结果之间，普遍存在着不平衡关系。小部分的努力，可以获得大的收获；起关键作用的小部分，通常就能主宰整个组织的产出、盈亏和成败。这样的事实可以给人有益的提示：只要集中精力处理工作中比较重要的20%的那部分，就可以解决全部的80%。

很多高效能人士都认识到了二八法则的重要作用，并将其合理运用到了自己的工作中。比如他们知道80%的成长、获利和满意，一般来自于20%的顾客。当其他公司把争取新客户作为工作重点时，他们却把尽可能与现有大客户维持长久的关系作为重中之重。这20%的“关键客户”是公司利润的重要来源，所以，永远留住这些最重要的客人，给他们提供周到的服务才是明智之举。

另外，高效的管理者在制定公司的发展战略时也会采用二八法则。

IBM公司闻名全球，它的成功并非偶然。早在20世纪60年代，IBM公司的管理人员就通晓二八定律，并将其运用在了公司的发展中。

1963年，IBM的电脑系统专家发现，一部电脑约80%的使用时间，是花在20%的执行指令上的。基于这一重要发现，公司的管理层立刻决定重写电脑的操作软件，让大部分的人都更容易接近这20%，进而轻轻松松使用电脑。因此，与其他竞争者的电脑相比，IBM公司制造的电脑操作更便捷，效率更高，速度更快。这令IBM电脑一时风靡全球，成为电脑行业中的佼佼者。

无论是对企业家、商人、技术工程师，或者其他任何人，二八法则的意义都十分重大。这条法则能促进企业提高效率，增加收益；能帮助个人和企业以最短的时间获得更多的利润；能让每个人的生活更有效率、更快乐；它还是企业降低服务成本、提升服务质量的关键。在做任何事时，只要把握住20%的关键之处，就能掌握 80% 的成功。

**实用指南**

工作时间表上记录的密密麻麻的事情中到底有多少是有价值的呢？哪些事情是“高价值”的呢？哪些是阻碍你发展和进步的、“低价值”的时间浪费？当你认识到哪些事情是骗走你宝贵时间的低价值活动，你就要像清除衣橱里的旧衣服那样，毫不客气地将它们丢掉，腾出时间去做最有价值的事。

悦读心得

德鲁克的这一思想对你有什么启示，请拿起笔，写下你的所感、所思、所得：

## 学会拒绝对工作毫无贡献的活动和应酬

**管理精粹**

如果一项活动对于组织、自己和对方的组织没有任何贡献的话，管理者就必须学会拒绝参与这些活动。

——《卓有成效的管理者》德鲁克

**⊙精彩阐释**

德鲁克说，领导者要审视自己的时间记录，舍弃不必要的活动，其出发点就是要着眼于对组织的贡献。倘若一项活动不利于自己对组织做出更大贡献，就应将这项活动删掉。

时间专家葛里斯曼在一所大学担任系主任时，一个全国性机构邀请他在年度会议上发表演讲，他凭主观认为是有关政治方面的题目，于是花费了相当多的时间和精力，但最终结果却令他非常失望和不满，出席会议的总共只有 4 个人。有了这次教训，他决心绝不再轻易答应任何事情。

编剧家西蒙决定是否将一个伟大构想转化为剧本之前，会问自己："假如我要写这个剧本，每一页都尽量保持故事的原则性，而且能让剧情和其中角色都发挥得淋漓尽致，那这个剧本该有多好呢？"如果答案是："还不错，会是一个好剧本，却不值得花费一两年时间。"西蒙就不会下笔。

管理者想要有效地管理自己的时间，就要清醒地认识什么重要，什么该忽略，不要被不重要的人和事过多地打搅，尤其是要学会拒绝对工作毫无贡献的活动。但问题是，该怎么拒绝呢？显然，把这些毫无成效的事情交给别人去做是一个很好的选择。

英国大出版家那茨可里夫生平所做的事业极多，如果换成别人，早已忙得不可开交，但是他仍能从容不迫，应付自如。许多朋友对于他这样的才干深觉惊奇，他说："我自己只担任指挥工作，一切机械式的事情都交给那些能够胜任的人。至于那些助手能够办理妥帖的工作，我大可不必动手。"

某著名计算机公司经理派特生也说："不要去做可以交给别人做的事情。"因为他认为一个领袖人物，最重要的是有卓越的思想和计划，不应把自己的宝贵精力耗费在毫无成效的小事上。派特生对于这种理论曾经做过一次实验，他将10位管理者的日常工作行为进行了削减和限制，每天只保留10件相对重要的事情，他发现整个组织的运转丝毫不受影响，一切工作仍能照常进行。

一项针对世界冠军的调查结果表明，那些夺得世界冠军的人往往从小就怀揣了这份特别的理想，并且十几年如一日地追寻。这其中，他们也遇到了其他人所常见的种种挫折，但由于他们心中有一个高过一切的目标，因此很容易忽略那些无关紧要的事情。长期的磨炼产生了惊人的效果，他们终于因为能够抓大放小、有所为有所不为而获得了成功。

美国哲学家威廉·詹姆斯曾说："明智的艺术就是清醒地知道该忽略什么的艺术。"他的言下之意就是，不要被不重要的人和事过多地打搅，因为成功的秘诀就是抓住目标不放。所谓“好钢用在刀刃上”，全力以赴去做能够产生出最大价值成果的事情，才是管理者的最好选择。

**实用指南**

许多浪费时间的活动是由于领导者疏于控制造成的。因为领导者总是容易过高地估计自己的重要性，总认为许多事情只有由自己来干才行。其实这完全没有必要。以下方法可以帮助你节省时间。

1. 分清先后主次。分辨出处事的先后次序，按事情的轻重缓急操作，是一种科学运用时间的方法。

2. 避免会而不议。非必要时不开会。若要开会定要准时，并尽可能根据议程进行实质性讨论，并且控制开会与发言时间。

3. 学会婉言谢绝。过分承诺的“好好先生”并不一定受人赞赏，凡事应以大局为重，讲求实效与成果，学会婉拒他人的技巧。

4. 打发不速之客。非必要时不接见不速之客。尽可能在办公室外接见未经预约的访客。

悦读心得

德鲁克的这一思想对你有什么启示，请拿起笔，写下你的所感、所思、所得：

# 第三章　时间管理是一项基本技能

## 不要再为昨日的任务而忙碌

**管理精粹**

管理者每天都需要耗费大量的时间去修改或放弃昨天的行动或决策。事实上，管理者可以减少这些不再产生成果的任务，以缩短浪费在这些事情上的时间。

——《卓有成效的管理者》德鲁克

**⊙精彩阐释**

德鲁克认为，管理者应尽可能减少为了修补错误而浪费属于今天或明天的时间。只有做到这一点，企业及管理者才有足够的时间投入到更有潜力的事情上去。

美国贝尔电话公司为什么能多年称霸市场？尽管电话系统是一项典型的公用事业，但在20世纪初到20年代中期，贝尔担任该公司总裁的20多年时间里，贝尔电话成为了一家世界上最具规模、发展得最快、最大的私营企业。个中秘诀是什么？贝尔认为这归功于公司做出的“四大决策”。

第一大决策是实行“公众管制”。不能把一项全国性的电讯事业看成是一种传统的“自由企业”。公司领导者认为要想避免政府的接管，在管理上唯一的办法就是实行“公众管制”。所谓“公众管制”，就是坚持有效、诚实、服务的原则，这是符合公司利益而且事关公司生死存亡的关键所在。公司把这一目标交付给各地子公司总经理，使公司从高层领导到普通员工，都能朝着这一目标共同努力。

第二大决策是要求贝尔公司满足社会大众的服务要求。美国的贝尔电话公司是家私营企业，要想保持它的自主经营而不被国家接管，必须预测和满足社会大众服务的需求，所以公司提出了一个“本公司以服务为目的”的口号。根据这一口号的精神，贝尔公司树立了一个全新的标准：衡量一个经理的工作成绩，应该是服务的程度，而不是赢利的程度。

第三大决策是发行股票开拓大众资金市场。贝尔设想发行了一种 AT&T（美国电话电报公司）股票，来开拓着眼于社会大众的资金市场，可以避免通货膨胀的威胁。正是得益于这项决策，贝尔公司长期以来始终保持着源源不断的资金来源。

第四大决策是建立“贝尔研究所”。电讯事业的生存与发展，领先技术具有决定性意义。为此必须建立一个专门从事电讯技术研究的“贝尔研究所”。目的是为了摧毁“今天”，创造一个美好的“明天”。

四大决策确保了贝尔在通讯市场上持续领先。很多管理者一直不明白自己为什么一直在为昨日的任务而忙碌，其中的主要原因就是因为昨日的决策存在着失误，而今天只好通过修补行动来为失误买单。显然，贝尔四项决策的出台，并不是公司的老板拍脑袋定下来的，而是通过集体的民主决议，最大限度地保证了决策的正确性，从而使公司的管理者每天都行走正确的道路上。

**实用指南**

决策的最高境界是精准性、科学性，面对竞争激烈的年代，管理者要尽可能降低在决策实施过程中的不确定性因素。但不可避免的是，任何企业的管理者都曾碰到过决策失误或偏离的情况，遇见这种情况，德鲁克给出的建议就是放弃，不要再为昨天不产生任何效益的事而做无用功，浪费了时间和精力。

悦读心得

德鲁克的这一思想对你有什么启示，请拿起笔，写下你的所感、所思、所得：

## 有效地管理时间

**管理精粹**

时间是最宝贵的资源，不懂时间管理，那就什么也无法管理。

——《卓有成效的管理者》德鲁克

### ⊙精彩阐释

德鲁克认为，卓有成效的管理者非常注意管理自己的时间。因为时间是个人最重要也是最基础的资源。然而很多人并不认为浪费时间就是在增加成本。其实，关于时间的认识是最基本的，每个人的时间都是有限的且具有不可逆性。因此，管理者能做的只能是珍惜时间，并使之产生最大的效能。

在美国现代企业界里，与人接洽生意能以最少时间产生最大效率的人，非金融大王摩根莫属。他甚至因为珍惜时间而招致了许多怨恨，但实际上人人都应该把摩根作为这一方面的典范，因为人人都应具有这种珍惜时间的美德。

摩根每天上午 9 点 30 分准时进入办公室，下午 5 点回家。有人对摩根的资本进行了计算后说，他每分钟的收入是 20 美元，但摩根认为不止这些。所以，除了与生意上有特别关系的人商谈外，他与人谈话绝不超过5分钟。

通常，摩根总是在一间很大的办公室里，与许多员工一起工作。摩根会随时指挥他手下的员工，按照他的计划去行事。如果你走进他那间大办公室，是很容易见到他的，但如果你没有重要的事情，他绝对不会欢迎你的。

摩根能够准确地判断出一个人来接洽的到底是什么事。当你对他说话时，一切转弯抹角的方法都会失去效力，他能够立刻判断出你的真实意图。这种卓越的判断力使摩根节省了许多宝贵的时间。

做好时间管理，合理利用自己的时间，是提高工作效率、提升工作价值的重要方法。歌德曾说："我们都拥有足够的时间，只是要好好利用。一个人如果不能有效利用有限的时间，就会被时间俘虏，成为时间的弱者。一旦在时间面前成为弱者，他将永远是一个弱者。因为放弃时间的人，同样也会被时间放弃。"成功学家卡内基也说过，只有善于把握时间的人，才能走向成功。

**实用指南**

德鲁克说，时间是最宝贵的资源，不懂时间管理，那就什么都无法管理。要赢得时间，应该把注意的重点放在以下几个方面：

1. 预先做好计划。从长远来看，计划附上时间，可以大大节省时间，更可做到运筹帷幄，是十分值得的。

2. 减少电话骚扰。集中并有选择地处理来电，回复电话时尽可能针对要点简明扼要，切忌把时间花在不着边际的闲聊上。

3. 不要犹豫不决。优柔寡断最费时间，谨慎决定，敢于负责，远胜于犹豫不决，要训练和改善自己的决策能力和技巧。

4. 留有时间余地。在计划工作表上，预留少许时间作为休息或处理突发事件之用，以防万一。

5. 改善阅读工作。有选择性地阅读文件，除练习速读与决策

能力外，可考虑将一些例行性及次要文件交由下属处理。

6. 适当下放权力。不必凡事躬亲，小事应当假手于人，多训练几个好帮手，自己从旁观察与控制。

悦读心得

德鲁克的这一思想对你有什么启示，请拿起笔，写下你的所感、所思、所得：

## 时间没有替代品

**管理精粹**

在一定范围内，某一资源缺少，可以另觅一种资源替代。例如铝少了，可以改用铜；劳动力可以用资金来代替。我们可以增加知识，也可以增加人力，但没有任何东西可以替代已失去的时间。

——《卓有成效的管理者》德鲁克

**⊙精彩阐释**

德鲁克说，管理者的工作时间往往只属于别人，而不属于自己。时间完全没有代替品，最大限度地利用好时间的意义是创造了更多的价值，这是一个管理者应该努力学习的课程。现实工作中，每个人都可以跑来占用管理者的时间，而管理者本身对此显得毫无办法。他无法像内科医生那样可以伸出头去对护士说："在接下来的半小时里，请不要让人来打扰我。"管理者办公桌上的电话铃一响，他就得拿起电话与公司的重要客户通话，要不就与自己的上司说话，于是，接下来的半个小时就泡汤了。

美国近代诗人、小说家和出色的钢琴家艾里斯顿善于利用时间。他在文章中写道："当时我大约只有14岁，年幼疏忽，对于爱德华先生那天告诉我的一个真理，未加注意，但后来回想起来真是至理名言，从那以后我就得到了不可限量的益处。

爱德华是我的钢琴教师。有一天，他给我教课的时候，忽然问我每天要练习多少时间钢琴。我说大约每天三四小时。他又问我每次练习时间长吗，我如实地告诉他我每次都在一个小时以上。

'不，不要这样！'他说，'你将来长大以后，每天不会有长时间的空闲。你可以养成习惯，一有空闲就几分钟几分钟地练习。比如在你上学以前，或在午饭以后，或在工作的休息余闲，五分钟、五分钟地去练习。把短的练习时间分散在一天里面，如此，弹钢琴就成了你日常生活中的一部分了。'

当我在哥伦比亚大学教书的时候，我想兼职从事创作。可是上课、看卷子、开会等事情把我白天、晚上的时间完全占满了。差不多有两个年头我一直不曾动笔，我的借口是没有时间。后来才想起了爱德华先生告诉我的话。到了下一个星期，我就实验起来。只要有五分钟左右的空闲时间我就坐下来写一百字或短短的几行。

出乎意料的是，在那个星期的终了，我竟积累了相当一部分稿子准备做修改。

后来，我用同样积少成多的方法，创作长篇小说。我的教授工作虽一天繁重于一天，但是每天仍有许多可资利用的短短余闲。我同时还练习钢琴，发现每天小小的间歇，足够我从事创作与弹琴两项工作。"

没有任何东西可以替代已经失去的时间，所以当前的时间是最宝贵的，应该最大限度地利用好。坚持先把最重要的事情完成，从另一个角度说也是把时间的不可代替性和效率第一性联系在了一起，从而获得了巨大的成功。

### 实用指南

德鲁克认为，任何一个管理者，不管他是否是经理，往往不得不在那些对组织不产生任何好处的事上花费很多时间。很多时间不可避免地被浪费掉了。在组织中的位置越高，他在这方面所感到的压力就越大。对于管理者而言，如果想取得绩效，那他必须将精力集中到整个机构的工作成果和绩效目标上来。这也就是说，他必须省出时间来做这些事情。

悦读心得

德鲁克的这一思想对你有什么启示，请拿起笔，写下你的所感、所思、所得：

## 别把时间浪费在会议上

**管理精粹**

一个组织如果经常要以会议方式来共同工作，那么行为科学家们出于善意而为合作所研创的各种机会，就将是多余的了。

——《卓有成效的管理者》德鲁克

### ⊙精彩阐释

德鲁克说，一位管理者的时间，绝不能让开会占用太多。会议太多，表示职位结构不当，也表示单位设置不当。如果你的公司动不动就用开大会小会来解决问题，说明你的公司在职位设置上有问题，而且职责混乱，不能将信息及时传达给需要的人。

所以，作为管理者，在召开任何会议之前，要先把以下这些问题考虑清楚。

1. 真有召开这个会议的必要吗？除非你能给自己一个明确的

答案，否则就可以免了。很多会议都只是前人遗留下来的陋规，你当然没有必要萧规曹随，照单全收。

2. 召开会议的目的是什么？确定讨论的主题与题目：目标不要太多，讨论三项就够了，否则会议会拖很久。

3. 要请哪些人来参加？该来的来，不该来的不要来。

4. 要在何时举行？选择一个大家都方便的时间，至少在一天前就发出通知。

5. 要在何地举行？要确保场地不但够大，而且不会受到外界干扰。

那么，究竟什么情况下才开会呢？专家提出的建议是：

当某件事情要众人讨论、决定，而非单凭一特定人士即可决定时；

当某件事情涉及层面极广，需要多种专业知识才能判定时；

当某件事情关系到部门内全体成员，必须所有人都参与决策时；

当某件事情需要经过众人讨论，才能避免可能产生的失误时；

当某件事情所披露的信息，将使所有与会者同感受惠之时。

接到开会通知时，第一件事情就是衡量究竟有无参加的必要？倘若有，再去索取议程表，并妥善规划应付的对策。为了节省时间，假使会议相当长，而当中只有少数一些议程与你有关，则可考虑选择性地参与。在会场上，你应注意的事项有：

如果没什么话要说，就保持沉默；

发言时务必简洁明了，切勿拖泥带水，或是语焉不详；

注意聆听他人的发言，仔细观察会场的动静与气氛；

在与他人争辩时，态度要坚定。但若是大势已去，则无须再做困兽之斗；

倘若对某项问题不甚确定，则质问主持人“你认为……”，而不是说“我认为……”。

“会无好会”，既折磨人又浪费时间，但要是事先能妥善地规

划并予有效的安排，则不但能看到脑力激荡的热烈场面，更有丰硕的成果。

为了达到会议目的，在会议召开前你必须做好相关准备。如会场所需的设备，事先须布置妥当；要有一个称职的主持人来主持会议；必须让所有与会者都畅所欲言，而不是在台下当观众。假如这一切你都能妥善处理，那么会议一定会成为你提高工作效率的有力武器。

为了减少不必要的会议，首先应该健全制度，明确分工。制度确定，可照章办事；职责明确，可各负其责。如此可免去许多不必要的会议。另外，一定要精简机构。因为管理机构多，人员数量多，开会次数就多。如果上下级关系紧张，缺少沟通，产生心理障碍，一些事情就不得不拿到会议上解决。而协调也是减少会议的有效方式。协调当然是口头协调，切不可召开会议进行协调，以免“此地无银三百两”。

为了使会议有效而具体，会议前要对会议讨论的问题、会议的程序、到会人员有详尽了解。如果事先心中没数，尽管会议准时召开，到会成员认真积极发言，但都将不能解决实际问题。因此，会前掌握好你的对手或与会者的个性，对会议的成功十分有益。

一种人是“直肠子”，这种人心直口快，不玩弄心计，他们的意见值得参考与采纳；一种人是“殉难者”，这类人急于表明自己的谦虚和友善；一种人是沉默无语者，他们把自己的想法闷在心里，也有可能在大家离开后单独与老板谈；一种人是善言者，这类人属“啦啦队长”，对这种人要么认真对待，要么就干脆不去搭理；另外一种人则是“反派人物”，任何建议对他们来说都是值得怀疑和不可信的。这种人往往占去会议的大量时间。了解以上对手或与会者的个性，采取相应对策，将更有效地推动会议顺利进行。

另外，会议的组织也影响着会议的效率。在现实情况下，我们应减少会议人数。苏联心理学家认为 7 ~ 9 人的会议能最好地交流经验。所有会议应尽量不超过 2 小时，在会前做好情况通报和信息输送，使有关单位和人员有相应准备。每次会议议题不可太大，但也不可将小事情纳入会议议程。在必要时限定发言时间。会议期间不允许会客，不接电话，尽可能避免干扰。另外，要扮演好会议主持人角色，主持人应是会议的引导者，而不是主讲人，主持人提出问题后，应尽可能不再干扰发言人的讲话。

在会议讨论阶段，应明确向成员提出，严禁私下交谈，如果确实需要个别交流，可采用递条子的办法来进行，切不可因此使整个讨论一发而不可收。每个与会人员都应注意聆听他人的高见，吸收他人观点中的闪光点。

经过充分讨论，要提出解决问题的方案。这时，应尽量通过共识来做出决策，而尽力避免投票表决的方式，因为这样会无形中形成两派，其中肯定有一派是赢家，一派是输家，使组织面临分裂的危险，减少了团队的凝聚力。不管采取什么样的决策方式，应该注意的是，最后决策必须反映全体团队成员的看法或至少是大多数人的看法，一旦决策通过，整个团队都应尽力给予支持。

在会议结束时，会议主持人须进行一次总结，将整个会议的成果再次向全体与会人员作通报，并根据会议精神安排工作，规定期限，明确责任。

### 实用指南

开会原本是件好事，目的在于集思广益，开拓新局面，然而这种例行公事却变成许多主管沉重的负担。所以，德鲁克认为，为了减少不必要的会议，首先应该健全制度，明确分工。

悦读心得

德鲁克的这一思想对你有什么启示，请拿起笔，写下你的所感、所思、所得：

## 不要放过任何零碎时间

**管理精粹**

有效的时间管理者总是不放过任何零碎的时间。

——《卓有成效的管理者》德鲁克

### ⊙精彩阐释

任何事物都有它的独特之处，时间也不例外。如果你抓住了时间的特点，并善于利用它，那你就把握运用时间的要领。卓有成效的管理者正是利用时间的这种特性，不断扩充时间的容量，充实自己生命的容量。

阿杰在一家公司做主管，每天从早晨8点一直工作到下午5点，经常是下班的时候已经累得精疲力竭了。他对这份工作不是很满意，为了有更好的工作，他想去考注册会计师。他以前从未接触过会计学的知识，所以难度很大。

起初，阿杰对于时间的管理也毫无头绪，不知道该怎么办。但很快他就发现：有大量的时间在无意识中就从自己身边溜走了。

他是早晨6点起床的，在他做早餐等水开这段时间，他就经常是站在厨房等待，有时候是在屋子里来回转悠。于是，他利用这段时间复习一下昨天学过的知识，效果好极了。

他原来从住处到公司需要1小时，后来为了节省时间，他搬到距离公司较近的地方去了，这样只需要20分钟就可以到了。于是他又省下了40分钟。

原先他上班时在车上就是等待到达，现在他把这段时间也充分地利用了起来。这段时间他可以看10页书。

中午公司有90分钟的吃饭时间，阿杰只要花15分钟就可以吃完了，于是他把这段时间也利用起来。

原来下班回到家，阿杰就强打精神坐在桌子前面看书。现在，阿杰的做法是：先躺在床上听15分钟的音乐，然后再开始学习，待学习累了，就去做晚饭，这样一边做饭一边休息。吃完饭，他又接着学习。

不久，阿杰已取得了注册会计师资格，并去一家会计事务所上班了，工资也涨了好几倍。

时间就像海绵里的水一样，是靠挤出来的。时间的弹性很大，善于挤时间的人，就比别人得到更多的时间。那么怎样去寻找躲在角落里的时间呢？你不妨参照下面的方法。

**一、节省途中时间**

这么多时间耗费在毫无意义的往返路途上，不如想想其他的方法。如果你有能力出得起钱的话，为什么不把家搬到一个离公司近的地方呢？或者你也可以在离家不远的地方找一个工作。

**二、不允许别人来打扰**

如果有某个人走进了你的办公室，并不在日程安排之内，他想和你谈谈与他自己有关的某些事，那么就毫不客气地立刻拒绝。

**三、我们每天都有许多时间在等待中度过**

等车、等人、排队缴费等，认真算起来，你会发现平均每天光是用在等待上的时间，就不下30分钟。而一般人以为那只是短暂的时间，于是每天把不少的零碎时间白白地浪费了。

**四、充分利用睡前时间**

如果你觉得自己缺乏思考问题的空闲时间，不妨试着坚持每天睡前挤出十几分钟的时间，一旦形成了习惯，就很容易长期坚持。

**五、从你的办公桌上找出隐藏的时间**

你可以在许多不同的地方进行重要的思考，比如企划、组织以及时间安排等工作。可是，你一天中的例行工作，很可能是必须集中在办公室的一张办公桌，或工作场所的某个定点完成的。

如果能把办公桌布置成一个具有相当效率的个人工作站，并使它高度配合你的需要，那么，你的时间可能就会因此节省很多。

不要认为零碎时间只能用来办些不太重要的杂务。最优先的工作也可以在这少许的时间里去完成。如果你照着“分阶段法”去做，把主要工作分为许多小的“立即可做的工作”，你随时可以做些费时不多却很重要的工作。这给你带来的好处是不言而喻的。

有人曾做过一个调查，总结出了百年来活跃于世界企业界人士成功的关键，那就是他们都善于利用闲暇时间不断地学习。

闲暇时间指的是什么呢？通常来说，所谓的闲暇时间就是可以供我们自由支配的时间，也就是人们常说的业余时间。从严格意义上说，真正的闲暇时间应该是排除了用于工作、家务、饮食等事务性的时间，也就算完全由个人支配的时间。

在可以自由支配的闲暇时间中，人们为了满足自己的需要，可以选择去大量从事自己喜欢的有价值、有意义的活动。

要善于利用闲暇时间，首先要确立闲暇时间就是一笔宝贵财富的观念。法国著名的未来学家贝尔特朗·德·古维涅里曾经提出这样的观点：在未来社会中，人们感到最重要的不是能够买到一切的余钱，也不是层出不穷的商品，而是业余时间——正是业余时间给了人们继续学习文化知识的机会。

我们可以这样算一下，对于正在工作和学习的人来说，在一天里，闲暇时间几乎等同于工作时间。但是从一生来看，闲暇时间几乎四倍于工作时间。因此，闲暇时间是有志向者实现志向的大好时光，是创业者艰苦创业的黄金时段。

闲暇时间是宝贵而惊人的。据一所商业调查中心的调查报告：一个 70 岁的人，一生用来工作的时间是 16 年，用来睡眠的时间是 19 年，剩下的时间就是闲暇时间，足足有 35 年，相当于生命的一半！

优秀的管理者，一定是个会利用闲暇时光，善于利用一切零碎但有用的时间的人。只有学会利用零碎时间，你才可以抓住一切能够成功的机会。

**实用指南**

在职场竞争日趋激烈的今日，要想有所作为就必须掌握对零碎时间的运用。你可以把零碎时间用来从事零碎的工作，从而最大限度地提高工作效率。比如在车上时，可用于学习，用于思考，用于简短地计划下一个行动，等等。充分利用零碎时间，短期内也许没有什么明显的感觉，但经年累月，将会有惊人的成效。

悦读心得

德鲁克的这一思想对你有什么启示，请拿起笔，写下你的所感、所思、所得：

## 在行动前规划好时间

**管理精粹**

懂得利用时间的管理者，可以经过规划而取得成果。

——《管理的实践》德鲁克

**⊙精彩阐释**

德鲁克认为，一个成功者往往懂得计划时间。时间的价值非比寻常，它与我们的发展和成功关系非常密切。同样的工作时间、同样的工作量，为什么有时候我们总不能像别人那样在第一时间完成？计划时间，就是要制定目标，使自己明白自己是如何利用时间的。

1976年冬天，19岁的迈克尔在休斯敦大学主修计算机。他是一个音乐爱好者，同时也具有一副天生的好嗓子，对他来说，成

为一个音乐家是他一生最大的目标。因此，只要有多余时间，他就把它用在音乐创作上。

不久，迈克尔又找了一个名叫凡内芮的年轻人来合作。凡内芮了解迈克尔对音乐的执着。然而，面对那遥远的音乐界及整个美国陌生的唱片市场，他们无计可施。

有一次闲聊，凡内芮突然从嘴里冒出了一句话："想象你5年后在做什么，"迈克尔还来不及回答，他又说，"别急，你先仔细想想，完全想好，确定了再告诉我。"迈克尔想了想，开始说，"第一，5年后，我希望自己能有一张唱片在市场上发行，而这张唱片很受大众欢迎；第二，5年后，我要能天天与一些世界一流的音乐家一起工作。"

凡内芮听完后说："好，既然你已经确定了，我们就把这个目标倒过来看。如果第五年，你有一张唱片在市场上，那么第四年，一定要跟一家唱片公司签约。那么第三年，一定要有一个完整的作品，可以拿给很多很多的唱片公司听，对不对？那么第二年，一定要有很棒的作品开始录音了。那么第一年，就一定要把你所有要准备录音的作品全部编曲，排练好。那么第六个月，就是要把那些没有完成的作品修饰好，然后让你自己可以一一筛选。那么第一个月，就是要把目前这几首曲子完工。那么第一个礼拜，就是要先列出一个清单，排出哪些曲子需要修改，哪些需要完工。"

凡内芮一口气说完，停顿了一下，然后接着说："你看，一个完整的计划已经有了，现在你所要做的，就是充分利用时间，并按照这个计划去认真地准备每一步，一项一项地去完成，这样到了第五年，你的目标就实现了。"说来也巧，恰好在第五年，迈克尔的唱片开始在北美畅销起来，他一天24小时几乎全部都忙着与一些顶尖的音乐高手在一起工作。

从这个故事可以看出，制定目标，给自己规划时间早多么重要。

**实用指南**

很多管理者总是抱怨时间不够用，然而，他们是否想到给自己的工作制订一个详尽的计划，并且充分按照计划的要求去执行呢？德鲁克认为，与其把时间浪费在没有用的争吵、抱怨、牢骚中，还不如制订自己的计划，立即行动起来。卓有成效的管理者往往都是时间管理上的小气鬼，绝非是在不知不觉间浪费时间的糊涂人。

悦读心得

德鲁克的这一思想对你有什么启示，请拿起笔，写下你的所感、所思、所得：

## 做好时间记录可以提高工作效率

**管理精粹**

管理者提高工作效能的第一步就是将那些被实际运用的时间做记录。

——《卓有成效的管理者》德鲁克

**⊙精彩阐释**

在德鲁克看来，卓有成效的管理者都善于做时间记录，并对这些记录每月定期进行检查。每次检查完记录之后，他们就会发现自己又曾在一些无关紧要的琐事上浪费时间。其实这就是一种管理时间的练习，只有通过反复练习才能学会有效地使用时间，也只有不断地练习才能避免时间使用的偏离。

福特二世的书桌上总是放着一张记录重要事件的卡片，他把

它作为管理系统的中心："每当我踌躇、犹豫的时候，我就会看着这张表，思考这件事情是否需要着手去办。"通常在福特二世的卡片上大约有20件事，包括电话、信件、传真，以及他口述的小段专栏文章。他说过：如果你用一个较为固定的记事本来记录你想做的事，那事情将永远搁置在那里，卡片能够时刻提醒他哪些事情还未办。

很多管理者还曾有这样的工作经验：每当分配工作给下属时，如果要求他们把所交代的事情记在工作计划表上，在随后的会议中，也要要求他们带计划表来开会，并以此作为推进报告的根据。那么，一般而言，团队的任何人都不会遗漏工作中的任何环节，并且知道哪些环节是异常重要的。

《菁华》杂志的主编苏珊·泰勒不但规划了自己的计划表，还给她的属下制作了日程表。在通常情况下，泰勒周末便躲到新英格兰的度假区去思考企业规划方案，读文章、报纸、杂志，理清头绪。当她星期一回到工作岗位后，总会带着重要人员的日程表，上面写有指派给每个人的工作。应该优先须知的事会有红色的记号，第一要做的事情则有两个记号。另外，完成工作所需的资料，例如名片或相关的信件等，都会附在日程表上。

有一位善于利用时间的经理则将部门的日程安排写在白板上，这样有利于随时根据事情发展变化进行调整，改变事情的优先顺序，而且也让部属明白他如何看待一项企业计划方案的重要性。另外，还有一些人甚至会预估他们长期计划表上的每一个计划需要花多少时间完成，然后再利用周计划或月计划或年计划制定日计划。

《薪水阶级》月刊的主编黛博拉·沙蓝，她以归档方式规划每年、每月的时间安排。每月的前两周固定是写评论时间；在第三、四周则为其他活动时间，例如演讲，回复谢函，做公关联络并计划未来的时间。她总是预先计划未来一年的工作：几个月写本书、几个月开个研讨会，其余的两个月安排来尝试新奇的事物。沙蓝利用这种方式创作了数量惊人的作品，并且获得了众多的拥护者。

由此可以看出，如果认真去努力，时间是可以管理的。作为管理者，应该时刻警醒，什么事是应该做的，什么事浪费精力，然后选择重要的事去完成。

**实用指南**

德鲁克说，要想进行卓有成效的时间管理，就需要找出自己哪些活动是浪费时间、不产生效果的，并尽可能将这些活动从时间表上排除出去。德鲁克为此开出了“诊断”方案：

首先，必须发现并排除那些根本不需要去做的事情和那些纯粹浪费时间而又不产生效果的事情。为此，需要对记录上的所有活动进行仔细审察：“如果根本不做这件事，将会怎么样？”假如审察下来的结果是“没有关系”的话，那么结论很明白：以后就不要再做这件事了。

其次，看记录上的哪些活动可以由别人代为参加而又不影响效果的。每位管理者都被告知要当一名合格的“授权委托人”，把那些可以由别人来做的事情统统交给别人去做，将自己的时间完全集中于绩效和那些容易出经济成果的事情上。

通常来认为，浪费时间往往发生在管理者可以控制的范围之内，他自己完全能够消除这种浪费现象。卓有成效的管理者常常会询问他们的下属：“我常做哪些浪费你们时间而又不产生效果的事情？”从下属的回答中，找出自己浪费时间的事务。

悦读心得

德鲁克的这一思想对你有什么启示，请拿起笔，写下你的所感、所思、所得：

## 浪费时间的因素，是信息功能不健全

**管理精粹**

最后一项浪费时间的因素，是信息功能不健全。

——《卓有成效的管理者》德鲁克

### ⊙精彩阐释

德鲁克认为，信息功能不健全，是浪费时间的一个重要因素。管理者们是否经常在抱怨时间不够用？如果你经常做着事倍功半的事情，那就要观察自己团队中是否存在信息功能不健全等等浪费时间的因素。

某医院的院长，多年来一直为应付院内医生们的电话而苦恼。医生们打电话给他，要求他为病人安排一个床位。住院部都说没有床位了，但这位院长几乎每次都可以找到空床位。原因是在病人出院时，住院部不能直接接到通知。当然，有没有床位，各病房护士长们都清楚，主办出院结账手续的出纳台也能随时知道。住院部的人是在每天清早5点办理“床位调查”工作，而病人大多是在上午医生查房之后才办出院手续。像这样的问题，只要各病房护士长在填写出院通知单给出纳台，多填一份副本送住院部就解决了。

制造部门通常遭遇的一项困扰，是生产数字无法直接供生产作业部门使用。例如产量，报表中往往只列出会计部门所需的“平均产量”。可是直接作业人需要的却不是平均数字，而是范围和大小，包括产品的组合、产量的变动和每批生产的时间等。所以，当他们需要这类资料时，每天都得花费几小时来推算，于是就在本单位内设置了一个自己的秘密统计组。当然这种资料在会计部门一定都有的，可是通常谁也不想去会计部门，说自己需要的是怎样的信息。

信息功能不健全造成的时间浪费是可以改善的。上述例子中医院的院长和制造部门，都是因为信息的不健全而导致工作效率下降。有成效的管理者应该及时发现这种问题，并尽快修复这个漏洞。

**实用指南**

德鲁克说，这种存在的缺陷，有时轻而易举就可以改善，但有时也要花费许多时间和耐心才能改善。不过，只要你肯付出努力，这种改善的效果是很大的，特别是可以帮你省出许多时间来。时间对于一个管理者、一个企业来说是至关重要的，节省了时间就是提高了效率，就是创造了财富。

悦读心得

德鲁克的这一思想对你有什么启示，请拿起笔，写下你的所感、所思、所得：

## 没有人会因为浪费时间而成功

**管理精粹**

不管他的职位有多高，没有任何一个管理者能够因为浪费工作时间而获得别人的尊重。

——《卓有成效的管理者》德鲁克

**⊙精彩阐释**

德鲁克认为，不管是出于时代变化的需要，还是企业变革的

需要，管理者学会如何管理自己的时间已经变得越来越重要。时间资源极其容易流失，如果不能管好时间，任何管理者都将变得极其平庸。

美国著名作家杰克·伦敦的房间，有一种独一无二的装饰品，那就是窗帘上、柜橱上、衣架上、床头上、镜子上、墙上……四处贴满了各色各样的小纸条。他非常偏爱这些纸条，几乎和它们形影不离。这些小纸条上面写满各种各样的文字：有美妙的词汇，有生动的比喻……睡觉前，他默念着贴在床头的小纸条；第二天一觉醒来，他一边穿衣，一边读着墙上的小纸条；刮脸时，镜子上的小纸条为他提供了方便；在踱步、休息时，他可以到处找到启动创作灵感的语汇和资料。外出的时候,他把小纸条装在衣袋里，随时都可以掏出来看一看，思考一下。

与之相类似的还有英国文学史上著名女作家艾米莉·勃朗特。艾米莉在年轻的时候，除了写作小说，还要承担全家繁重的家务劳动，如烤面包、做菜、洗衣服等。她在厨房劳动的时候，每次都随身携带铅笔和纸张，一有空隙，就立刻把脑子里涌现出来的想法写下来，然后再继续做饭。

时间从我们眼前不经意地流走，而且永不回头。

莎士比亚说："时间是无声的脚步，是不会因为我们有许多事情要处理而稍停片刻。"在时间面前，所有的荣辱得失都会变得黯然失色。

**实用指南**

德鲁克说，没有任何一名管理者会因为浪费时间而获得卓越业绩,时间无可代替且不可逆转。浪费时间看似只是没有工作效率，但其实质是在增加了成本。管理者应时刻为如何高效利用时间找到好方法，这样才能实现卓有成效的管理。

悦读心得

德鲁克的这一思想对你有什么启示,请拿起笔,写下你的所感、所思、所得：

## 浪费别人一小时等于偷走别人五美元

**管理精粹**

要想避免浪费别人的时间，有一个非常简单的方法，那就是询问别人。

——《卓有成效的管理者》德鲁克

**⊙精彩阐释**

德鲁克认为，一个成功的时间管理者不仅懂得如何珍惜自己的时间，还会特别珍惜别人的时间。美国《纽约论坛报》主编贺拉斯·格里利说:“不在乎别人的时间，和偷别人的钱没什么区别。浪费别人的一小时和偷走别人五美元有什么不同呢？况且，很多人工作一小时的价值比五美元要多得多。”

某著名百货公司宣传部的一位年轻职员，曾经为了进行市场调查来到纽约市。当他想到自己应该有效地运用自由时间，就直接跑到纽约某个著名犹太商人的百货店，贸然叩开了该公司宣传部主任办公室的大门，向接待员说明来意。

接待员问 :“请问先生您事先预约好时间了吗？”这位青年微微一愣，但马上滔滔不绝地说 :“我是 xx 百货店的职员，这次来纽约考察，特意利用空闲时间，来拜访贵公司的宣传部主任……”

“对不起，先生！”接待员打断了他的话。

就这样，这位职员被拒之于冰冷的大门之外。

这位职员利用余暇，主动地访问同行人，从某个角度看，应该值得表扬。但这个犹太商人手下的接待员不假思索地拒绝了他，为什么呢？这和犹太人的时间观念有关。对于贯彻“时间就是金钱”的犹太人来说，在工作时间里，放弃几分钟而跟一个根本没有把握的“不速之客”去谈判，是根本不可想象的。

事实上，世界上很多知名人士也是十分珍惜时间的人。

拿破仑有一次请元帅们和他共进晚餐，他们没有在约定的时间到达，他就旁若无人地先吃起来。他吃完刚刚站起来时，那些人来了。拿破仑说：“先生们，现在就餐时间已经结束，我们开始下一步工作吧。”

华盛顿总统每天 4 点钟吃饭，如果有时候应邀到白宫吃饭的国会新成员迟到了，华盛顿就会自顾自地吃饭而不理睬他们，这使他们感到很尴尬。华盛顿经常这样说：“我的表从来不问客人有没有到，它只问时间有没有到。”他的秘书找借口说，自己迟到的原因是表慢了。华盛顿回答说：“那么，或者你换块新表，或者我换个新秘书。”

富兰克林对经常迟到却总是有借口搪塞的佣人说：“我发现，擅长找借口的人通常除此之外什么都不擅长。”

美国前总统约翰·昆西·亚当斯也从不误时。议院开会时，看到亚当斯先生入座，主持人就知道该向大家宣布各就各位，开始会议了。有一次，当主持人宣布就座时，有人说：“时间还没到，因为亚当斯先生还没来呢。”结果发现是议会的钟快了 3 分，3 分钟后，亚当斯先生像往常一样准时到达。

人最不该浪费的东西就是时间，对人而言，时间就是金钱，时间就是命运，无论我们做任何事情，首先要保证自己拥有充足的时间。所以，优秀的管理者不仅会设法回避那些消耗他们时间的人，而且会想方设法避免时别人时间的浪费。

## 实用指南

对于那些不必要的废话，成功人士有一个恰到好处的收场方法，同时也绝不会在别人上班的时间内，和他人东拉西扯地谈些无关紧要的话。因为那样无疑是在妨碍人家的工作效率，损害他人应得的利益。管理者要想避免成为严重浪费别人时间的人，就要敢于对对方说：如果你觉得我在废话，请立即制止。

悦读心得

德鲁克的这一思想对你有什么启示，请拿起笔，写下你的所感、所思、所得：

第二篇

# 企业的生存、使命、责任

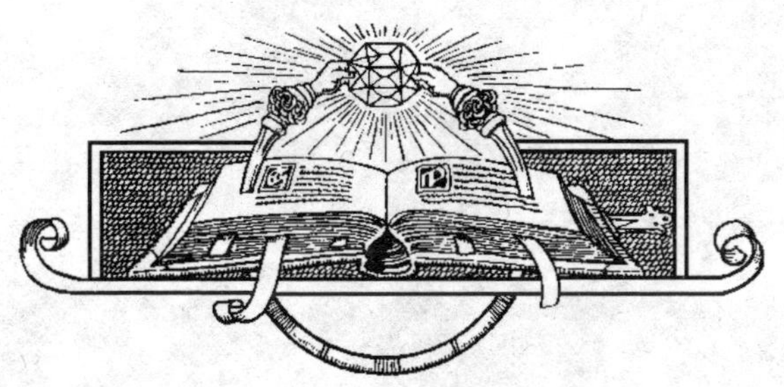

# 第一章　企业生存的唯一目的是引导顾客进行购买

## 站在顾客角度来思考经营

**管理精粹**

只有当顾客愿意购买商品与服务时，企业才能把经济资源转变成财富。

——《管理的实践》德鲁克

**⊙精彩阐释**

德鲁克说，什么是企业，这是由顾客决定的。只有当顾客愿意购买你的商品与服务时，企业才能把经济资源转为财富。要想使企业获得生存空间，就必须有顾客购买产品。这就需要企业管理者凡事都要站在顾客的角度思考问题。

李嘉诚在创业初期，工厂小资金少，为了占领市场、摆脱困境，他不断地思考如何能从顾客的角度出发，赢得市场。有一次，李嘉诚去会见前一天约好的订货商。那是在一家咖啡馆，李嘉诚和订货商对坐着。有那么几秒钟，他们都没有说话，而是默默地品尝着咖啡。接着，李嘉诚从手提包里拿出 8 种按照订货商的要求设计出来的精巧别致的塑胶花，放在外商面前。然后，李嘉诚诚恳地告诉订货商："先生，这 8 款塑胶花是我和公司设计人员昨晚一夜没睡按你愿望设计出来的，有 5 款我想基本符合你的要求；

而另外3款，因为我考虑到你的订货是为圣诞节准备的，因此，在你的要求的基础上，再放入一些东方民族的传统风味，我认为或许你会喜欢，所以全部拿来，供你挑选。”

李嘉诚明白自己资金不足的劣势，但他看准了这次薄利多销的机会。他敏感地预测到如能与这位订货商达成协议，那么长江工业公司不但可以脱离困境，而且还可以取得相当有利的竞争地位。因此，在设计产品时，他费了一番周折，仔细考虑了客户的要求，他认为，只有给客户带来最大利益，才能给自己带来利益。

李嘉诚接着说：“就我个人而言，我当然十分希望能够长期与您合作。长江目前虽没有取得足够的资金以及担保，但是我们可以给你提供最优惠的价格、最好的质量、最优的款式，并保证按时交货。而且，这8款塑胶花样品，如果你觉得满意，我愿意送给你，只是希望有机会跟你合作。”

这位订货商以惊讶而欣赏的目光注视着面前这位华人企业家，钦佩他竟然能在一夜之间设计8种款式的塑胶花供他挑选。订货商高兴得情不自禁地握着李嘉诚的手连声说：“了不起，年轻人，我同意跟你合作，你会干好的！”

这次成功使长江工业公司从此站稳了脚跟，并在中国香港塑胶企业内有了相当的竞争能力。

## 实用指南

只有满足顾客需求，引导顾客进行购买，才能救活企业，而只有站在顾客的角度，才能创造顾客。李嘉诚站在顾客的角度思考问题，急顾客之所急，充分考虑顾客的利益，从而留住了顾客，也使当时弱小的长江工业公司得以存活。

悦读心得

德鲁克的这一思想对你有什么启示，请拿起笔，写下你的所感、

所思、所得：

## 顾客是企业的导盲棍

**管理精粹**

企业内部认为自己所了解的市场情况很有可能是错的，因为只有顾客才是真正了解市场。

——《成果管理》德鲁克

### ⊙精彩阐释

企业内部的人对市场判断有很大可能是错的，这是因为这种判断基于企业的立场和角度进行的，而事实上顾客是有着自己的立场和标准的。要想了解市场是怎样的，就必须走进顾客群体之中。

巨人集团董事长史玉柱说："市场上没有所谓的专家，唯一的专家是顾客。"史玉柱最爱做的事情就是研究顾客，他说："谁消费我的产品，我就要把他研究透，一天不研究透，我就痛苦一天。"史玉柱说过，脑白金品牌的策划，完全遵守"721 原则"，说把消费者的需求放在第一位，用 70% 的精力为消费者服务；投入 20% 的精力做好终端建设和管理；只花 10% 的精力去处理和经销商的关系。

当初保健品市场竞争那么激烈，可是史玉柱还是用脑白金、黄金搭档创造了一个奇迹，满载而归。究其原因，史玉柱认为："我的成功没有偶然因素，是我带领团队充分关注目标消费者，做了辛苦调研而创造出来的。"之所以要花费大量的精力在消费者身上，史玉柱认为：消费者是最好的老师，你只要能打动消费者就行了。

准备开发脑白金市场的时候，史玉柱将江阴作为大本营。在启动江阴市场之前，史玉柱先进行了一番调查。他挨家挨户地去寻访。白天乡镇里的年轻人都出去工作了，在家里的都是老年人，一天也见不到一个人。因此史玉柱一去,他们特别高兴。通过聊天，敏锐的史玉柱看出了其中的奥妙。他因势利导，推出了“今年过节不收礼，收礼只收脑白金”的广告。而今，这个广告已经是家喻户晓了。

通过对顾客进行充分的调研，才有可能发现新的市场机会。

中国香港有名的“鳄鱼恤”拥有琳琅满目的花色品种和新颖优质的面料，以及精巧的做工。鳄鱼恤之所以受欢迎，主要原因在于企业采取了有效的市场调研，进行精准的市场细分。每一个消费者都可以从这些服装中找到一件自己喜欢的。

鳄鱼恤服装有限公司对消费者进行深入的调查分析，针对不同的消费者生产不同的服装，满足不同人群的需求，他们每生产一件服装，都知道那件服装是生产给什么样的人。比如，“鳄鱼恤”的男装就包括了休闲服、高尔夫、上班服三大系列,针对性相当强。

休闲服的色彩明快，既有鳄鱼恤的传统风格，又不失其活跃的一面，因而它的穿着对象多是年轻人，其面料舒适天然，感觉宽松自在，是外出旅行的必选;货品种类包括了全棉内衣裤、衬衣、T恤衫、袜子、毛衣、休闲西装、休闲裤、夹克衫等。

高尔夫系列以名贵线条和菱形格或“打高尔夫球”的图案为标志，用料讲究，穿着自然而舒适。因为打高尔夫球是一种高尚的运动，深受白领人士的喜爱，所以它的风格为：高尚典雅。货品种类有T恤、夹克衫、毛衣、高尔夫运动裤等。

上班服是专为高级行政人士量身定做的，它精心细致的手工和得体的裁剪、时尚的设计，每一个细节都处理得一丝不苟，正符合高级行政人士的处事风格，因为它表现为传统、典雅、舒适。货品种类有夹克、风衣、大衣、皮夹克、皮大衣、羽绒服、内衣裤等。

鳄鱼恤公司的管理者深深懂得，每种顾客都是一个细分市场，

因此企业在生产前一定要进行充分的市场调研。

**实用指南**

世界上没有标准化的消费者，因此也不应该只生产标准化的产品。企业生产每件产品，都应知道它的目标顾客是谁，从而知道市场在哪里。

悦读心得

德鲁克的这一思想对你有什么启示，请拿起笔，写下你的所感、所思、所得：

## 产品能给顾客带来什么好处

**管理精粹**

顾客的唯一问题是：这对我有什么好处？

——《成果管理》德鲁克

**⊙精彩阐释**

正如人们常说的“不是环境来适应你，而是你去适应环境”的道理一样，企业在顾客面前唯一要做的事情就是要适应和满足顾客的需求。德鲁克说，企业所认为的是一个产品最重要东西（性能或者他们在讲到“质量”时所指的那些）消费者可能不太在意。顾客的唯一问题是：这对我有什么好处？

每年的5月，是安徽特产龙虾上市的季节。龙虾是许多人喜爱的美味。每到这个季节，合肥各龙虾店、大小排档生意异常火暴，每天要吃掉龙虾近2.5万公斤。但是龙虾好吃清洗难的问题一直困扰着当地龙虾店的经营者。因为龙虾生长在泥湾里，捕捞时浑身是泥，清洗异常麻烦，一般的龙虾店一天要用 2 ~ 3 人专门手工刷洗龙虾，但常常一天洗的虾，几个小时就被顾客买完了，并且，人工洗刷费时又费力，这样又增加了人工成本。

海尔针对这一潜在的市场需求，迅速研制开发，没多久就推出了一款采用全塑一体桶、宽电压设计的可以洗龙虾的“洗虾机”，不但省时省力、洗涤效果非常好，而且价格定位也较合理，只要 800 多元，极大地满足了当地龙虾经营者的需求。过去洗 2 公斤龙虾一个人需要 10 ~ 15 分钟，现在用“龙虾机”只需 3 分钟就可以了。

就在 2002 年安徽合肥举办的第一届“龙虾节”上，海尔推出的这一款“洗虾机”马上引发了抢购热潮。上百台“洗虾机”不到一天就被当地消费者抢购一空，更有许多龙虾店经营者纷纷交订金预约购买。这款海尔“洗虾机”因其巨大的市场潜力获得安徽卫视“市场前景奖”。

在洗衣机市场，一般来讲，每年的 6 ~ 8 月是洗衣机销售的淡季。每到这段时间，很多厂家就把洗衣机的促销员从商场里撤回去了。张瑞敏很奇怪：难道天气越热，出汗越多，消费者越不洗衣裳？后来经过调查发现：不是消费者不洗衣裳，而是夏天里 5 公斤的洗衣机不实用，既浪费水又浪费电。于是，张瑞敏马上命令海尔的科研人员设计出一种洗衣量只有 1.5 公斤的洗衣机——小小神童洗衣机。小小神童洗衣机投产后先在上海试销，因为张瑞敏认为上海人消费水平高又爱挑剔。结果，精明的上海人马上认可了这种洗衣机。该产品在上海热销之后，很快又风靡全国。在不到两年的时间里，海尔的小小神童在全国卖了 100 多万台，并出口到日本和韩国。

张瑞敏曾说：“我想任何一个企业做的产品，你卖的肯定不是这个产品，换句话说，用户要的绝对不是你这个产品，要的是一种解决方案……”张瑞敏总是根据用户的意见，从根本上把握消费者

的真正需求，“永远不是为产品找用户，而是为用户找产品，真诚到永远”。

**实用指南**

事实证明，只有研制生产出真正满足消费者需求的产品，才能够赢得消费者的青睐，才能在市场中立于不败之地。

悦读心得

德鲁克的这一思想对你有什么启示，请拿起笔，写下你的所感、所思、所得：

## 顾客只会为自己的需求埋单

**管理精粹**

顾客之所以付钱，为的是购买自我需求的满足。

——《成果管理》德鲁克

**⊙精彩阐释**

德鲁克在谈到企业使命时，提出过一个问题，即：“顾客眼中的价值是什么？”事实上，这是一个关键性问题，但企业在经营管理中常常得不到重视。原因在于，大多数的决策者总以为他们找到了答案。他们总以为“价值”就是他们企业的“品质”，这是不对的，他们没有意识到顾客购买的是一种需要的满足，而并非产品本身。

为此，德鲁克特地举了这么一个例子来说明。他说，对于一个十几岁的小姑娘来说，一双鞋子的价值在于高级款式。鞋子必须“时髦”，价格只是次要的考虑因素，而耐用性根本不具有什么价值。几十年以后，这位姑娘成了一个年轻的妈妈。高级款式就成为一个限制条件了。她不会购买那些非常流行的东西，但她会考虑的可能是耐用性、价格、舒适和合脚，等等。同样一双鞋子，对于十几岁的小姑娘来说是一种热门货，而对于比她年龄稍大一些的姐姐来说，却可能价值不大。

由此可见，顾客所购买的，从来就不是一件产品本身，顾客购买的是一种需要的满足，购买的是一种价值。但是，制造商却不能制造出价值，而只能制造和销售产品。所以，制造商认为有“质量”的东西，对于顾客来讲可能是不需要的东西。

美国制鞋企业高浦勒斯公司，在20世纪80年代初期遇到了很大的经营困难。对市场和营销颇有研究的弗兰西斯受命于危难之际，担任公司的总经理，主持产品开发和市场营销。

弗兰西斯认为，在现代市场日益激烈的竞争中，特别是在美国，经济已经十分发达，百姓生活富足，人们买鞋不再是为了御寒防潮。因此，必须制造富有个性、形象鲜明独特的产品，才能吸引消费者，广开销售渠道。

经过仔细调查研究后，弗兰西斯果断要求设计人员以“销售感情胜于销售鞋子”为宗旨，充分发挥每个人的想象力，设计出多种多样、富于个性的鞋来刺激人们的购买欲望。

在这一崭新的营销理念下，该公司在市场上推出了“男性情感、女性情感、优雅感、野性感、沉稳感、轻盈感、年轻感”等各种主题的鞋子。弗兰西斯还为这些类型的鞋子都取上稀奇古怪的名字，如“袋鼠”“笑”“泪”“爱情”“摇摆舞”等，令人回味无穷，公司也因此取得了巨大的成功。

可见，管理者的经营理念要从产品销售走向“需求销售”。

**实用指南**

变者赢，不变者衰。任何企业首先得考虑的问题就是：谁是

我们的顾客？顾客在哪里？给顾客带来的价值是什么？只有把这些考虑透了才能把握住市场经济的脉象。只有满足了顾客需求，产品才能有更好的销路，企业才能发展得更好。

悦读心得

德鲁克的这一思想对你有什么启示，请拿起笔，写下你的所感、所思、所得：

## 顾客要的是满足，不是低价

**管理精粹**

顾客是为了满足需求而购买，所以不同的产品出现时，对他们而言，它们只不过是满足需求的不同产品而已。

——《成果管理》德鲁克

### ⊙精彩阐释

什么是企业粘住消费者选择的万能胶呢？在德鲁克看来，显然，是满足消费者的需求。消费者不会忠诚于某一产品或者企业，他只会忠诚于自己的需求。只有从解决客户的需求入手，更好地满足客户的需求的策略占据客户的心，才能让客户把自己的企业放在优先选择的位置，对竞争产品进行有效拦截。

李艾华是一家商场的团购经理，极其善于挖掘客户的根本需求，然后予以满足，赢取订单。一天，某高级中学的后勤部的刘经理打来电话，要求购买能够加热的名牌名厂饮水机。放下电话后李艾华开始思索这件事情：“虽然这个学校经常在自己这里买东西，但据自己掌握的情况，这个学校自身有热水供应系统，为什么还要买能够加热的饮水机？”于是，他找来负责人了解情况。

原来这家学校的打开水处离学生宿舍有一定距离，很多学生偷懒，就在宿舍里用电热烧水器烧水。这对学校来说，是一个巨大的安全隐患。

李艾华彻底明白了学校订购饮水机的目的了。实际上学校领导是为了消除学生们在宿舍内使用电热烧水器的隐患。由于这是这家学校首次采购饮水机，刘经理没有任何经验，所以李艾华必须承担起挑选、推荐产品的责任。李艾华意识到，必须了解哪些要素决定了饮水机的质量。于是他利用网络搜集相关信息，用了半天的工夫就了解了影响饮水机寿命的要素。另外，他又打听到，这个学校将在今年建设新的教学大楼，现在对各项费用控制很严，价格也是学校选择的重要考虑因素。

在经过多个品牌和多个产品的对比后，李艾华选择了一款品牌知名度高、声誉好、价格低廉的产品。他带着这款饮水机和另外一款普通的饮水机来到刘经理办公室，将挑选产品的过程详述一遍，然后把两款饮水机的价差报给刘经理。随后又问该学校新楼的规划情况，暗示为刘经理节省费用的考虑。刘经理会心地笑了，说："还是你能为我们着想。哈哈，那么马上签协议吧！"

从这个例子我们可以看出，李艾华在接到业务后，首先考虑的不是刘经理需要什么，而是首先弄明白他为什么会有这种需求。

**实用指南**

很多企业把低价当作吸引顾客的武器，虽然向顾客提供物美价廉的产品是正确的，但在竞争激烈、市场信息越来越透明的今天，关于产品价格、质量等信息已经被顾客充分了解，留给企业可做文章的余地越来越小，所以，满足客户的需求是比低价更好、更为重要的策略。

悦读心得

德鲁克的这一思想对你有什么启示，请拿起笔，写下你的所感、所思、所得：

## 适应要求才能赢得需求

**管理精粹**

顾客决定着企业的产品价值。

——《创新与企业家精神》德鲁克

**⊙精彩阐释**

德鲁克说，管理者必须懂得，企业的产品和服务是由顾客决定的，而不是由企业生产商本身所界定。如果管理者意识不到顾客更需要什么样的产品和服务，企业想要实现可持续发展的目标就很危险了。而那些有远见的管理者总是能在最大程度上满足顾客的需求。

有一天，一个年轻人来到奔驰公司，“我想要买一辆小轿车。”他说得很简单。

销售员领着年轻人参观了陈列厅里的100多种型号的小轿车，然后征求他的意见。

年轻人问：“还有没有其他颜色的车？”

销售员吃了一惊：“先生，这几十种颜色都没有您中意的吗？”

年轻人失望地点了点头：“我想要一辆灰底黑边的轿车。”

销售员不得不失望地告诉他，现在没有这种车，心里想：“这个年轻人也太挑剔了！”

没想到，这件事被老板卡文·本知道了，他对那个销售员生气了：“像这样做生意，只会让公司关门停业。”他要求必须找到那个年轻人，让他两天以后再来取车。

年轻人再次来到奔驰公司时，果然见到了他希望见到的那种颜色的车。不过，他还是不满意！“这辆车不是我想要的规格。”

这次接待他的是公司销售部主任，他的阅历要比上次那位销售员丰富得多，但也没见过如此挑剔的顾客，暗想：“这人怎么这么不近人情，偌大的一个奔驰公司，专门为他生产出一辆车来，他竟然还不满意！”不过，他不动声色，没有将心里的不快表露出来，而是耐心地问：“先生想要什么规格的，我们一定满足您的要求。”年轻人说出了他想要的规格，还把车型、式样都详细描述了一遍。销售部主任一一记录下来，然后告诉年轻人，三天之后到公司取车。

三天之后，年轻人来了，看到自己想要的车已经摆在眼前，自然十分高兴。不过，开着车试跑了一圈后，他对销售部主任说：“要是给汽车安个收音机就好了，那样一边开车一边还能欣赏到动听的音乐。”

销售主任十分吃惊，因为当时汽车收音机刚刚问世，应用不多，而且很多人反对车内安装收音机，认为那会分散司机的注意力，导致车祸的发生。不过，销售部主任还是没有生气，问：“先生你想安一个吗？”年轻人点头。销售主任犹豫了一下后立刻说：“那你下午来取吧。”

这时年轻人显得有点儿不安了，毕竟要求太过分了。但是，奔驰公司果真为他的轿车安了收音机，使他十分满意。

自此之后，奔驰公司建立了订购制度，顾客需要什么样的色彩、规格、座椅、音响、空调、保险门等，都可以提出来，这些要求由电子计算机向生产线发出指令，进行生产。很快，一辆完全按顾客要求生产的车就会出现在顾客面前。

由此可见，适应顾客要求的产品才有市场，以消费者需求为导向是市场营销的永恒主题。尤其是对于刚刚走入市场却又面临

知识经济时代挑战的企业来说，唯一的出路就是彻底转变思想，努力适应消费者的需求。

### 实用指南

德鲁克认为，顾客永远都是没有错的，不要在产品卖不出去的时候找借口或者埋怨顾客，也不要在不能满足顾客需求时试图改造顾客，使其接受你的产品。

悦读心得

德鲁克的这一思想对你有什么启示，请拿起笔，写下你的所感、所思、所得：

## 了解新一代消费者，开拓新市场

### 管理精粹

美国百货公司并不了解新一代消费者，他们并不在百货公司购物。但这部分人到了20世纪80年代末期时开始决定着美国人的购物方式。

——《下一个社会的管理》德鲁克

### ⊙精彩阐释

德鲁克认为，了解新一代消费者能够帮助企业开拓新市场。

在1908年之前，美国的汽车市场是富人市场。当时每辆汽车的售价是1500美元左右，这个数目相当于普通人两年的收入总和。在1908年，当全美有几百家汽车生产商还在迷恋于为富人量身定做汽车时，福特公司推出了售价仅为其他汽车一半价格的T型车。

由于价格低廉，T 型车获得了巨大成功，福特的市场份额从 1908 年的不足一成提高到 1921 年超过五成。到 1924 年，T 型车的售价已降至不到 300 美元，这个价格甚至低于当时马车的价格。根据这一年的市场调查显示，几乎每一户美国家庭都拥有一辆 T 型车。福特成为当时美国汽车行业的第一名。

通用汽车的掌舵人斯隆在 1924 年的年度发展报告中阐述了他那著名的“不同的钱包、不同的目标、不同的车型”的市场细分战略。支持他提出这个观点的依据是市场环境发生了变化。随着 T 型车的普及，汽车已经成为美国家庭的必备交通工具，普通美国家庭的收入也有了大幅度提高。斯隆根据价格范围对美国汽车市场进行了细分，每个通用汽车品牌的产品都针对一个细分市场：雪佛兰针对低端市场，凯迪拉克则瞄准高端市场。

福特曾经有一个名言：我可以为顾客提供任何颜色的车，只要他要求的是黑色。由此可见福特汽车颜色的单调。但民众开始渴望拥有其他颜色的汽车。通用将民众的愿望变为了可能，他们开发出著名的 Duco 漆，它使汽车喷漆的干燥时间从几周缩短到几小时，并为汽车外观提供了多种颜色方案。

另外，为了提高通用汽车的安全指数，他们还在在密歇根州的米尔福德建成了汽车专用试验场，用于测试汽车在各种天气和路况下的安全系数和性能。这种做法开创了汽车安全测试的先例，极大地提高了民众对通用汽车安全性能的信任度。

通用的努力换回了丰厚回报，从 20 年代中期到 50 年代的 20 多年间，通用汽车的年度销售量翻了两番，市场占有率从不足两成到超过五成。与之相对应的是，福特汽车的市场占有率从超过五成下滑到两成左右。通用公司的市场细分战略使公司的产品涵盖了全部的顾客层次，尤其受到年轻一代的欢迎；而福特公司一直坚持在单一的低价顾客群体中提供单一的低端 T 型车，最终被通用超越。

由此可见，只有了解了新一代消费者，才能在商海中成功开拓新市场。

**实用指南**

开拓新市场能够使企业从激烈的竞争格局突破出去，超越现有需求，最终达到不战而胜的境界。拥有开创新市场能力的企业组织，能够轻而易举地独占鳌头，而缺乏开创精神的企业组织永远只能处在跟随者的位置上。

悦读心得

德鲁克的这一思想对你有什么启示，请拿起笔，写下你的所感、所思、所得：

## 顾客必须被假定是理性的

**管理精粹**

顾客必须被假定是理性的。

——《成果管理》德鲁克

**⊙精彩阐释**

德鲁克说，如果认为顾客是非理性的，将是非常危险的。企业的任务就是使自己去适应顾客的理性，或者改变它。但他必须首先理解它和尊重它。但是顾客的理性和企业的理性未必一致。

顾客理性的第一个重要表现是要需求多样化。顾客是毫无忠诚的，他们总是希望找到更好的生产商或供货商，总是希望买到更好看、价值更高、更有品位的产品或服务。他们的需求总是充满欲望。

海尔是靠电冰箱起家的。在北美的大学校园里，海尔的一款小冰箱特别受欢迎，但包括张瑞敏在内的海尔人自己都不明白为什么卖得好。

为了打开这个问号，张瑞敏特地派数人到美国校园里调查，发现销量大的原因是因为海尔冰箱的顶部最平整——在美国的学校宿舍里，空间狭小，这种小冰箱的顶部可以当桌子使用。

受此启发，海尔在冰箱顶部加了折叠板，令桌面更大，后来又采纳建议，在桌面下加了一个抽拉板放键盘，这样这个小冰箱又变成了一个电脑桌。

顾客理性的第二个重要表现就是总是希望买到最划算的产品或服务。作为理性人，顾客是按照所提供商品的最大价值，即预期收益与预期成本的比较进行购买决策的。

沃尔玛永远追求的低价原则充分证明了适应顾客理性的重要性。山姆始终要求每位采购人员在采购货品时态度坚决，他总是告诫员工："你们不是在为沃尔玛商店讨价还价，而是在为顾客讨价还价，我们应该为顾客争取到最好的价钱。"每年，沃尔玛商店的低价政策都为当地顾客节约数十亿美元的支出。

沃尔玛的低价原则是有历史的。1945 年，山姆以 2.5 万美元的价格买下了巴特克兄弟公司所属的位于阿肯色州一个小镇上的一家杂货连锁店，经营廉价商品。巴特克兄弟公司要求它属下的连锁店购进公司统一调配的商品，并规定售出的价格。山姆不久就发现，直接从制造商那里进货，价格更便宜。以女裤为例，从巴特克兄弟那进货价格是 1 美元，但从制造商那里进货价格是 80 美分。

山姆进行了销售分析，如果他以 80 美分一条进货的女式紧身裤，倘若售价定为 1 美元，那么它的销售量便是定价 1.2 美元的 3 倍。虽然每条的利润低了，但总利润大大增加了。这个分析使山姆发现薄利多销的经营模式。随后山姆脱离巴特克兄弟公司，自己直接进货，进而低价销售。这种模式使得他的商店生意红火，很快成为本

地区经营业绩最好的商店之一。

由此可见，我们只有首先假定顾客是理性，然后再根据他们的需求设计产品，这样才能保持在正确航道上发展。

**实用指南**

无论是顾客的需求多样性还是购买决策时关注成本的理性，企业要想真正做到适应顾客，就要做好市场调研工作。一方面通过市场调研寻找出顾客的需求特点，使企业有针对性地去满足；另一方面了解顾客愿意支付的成本。满足顾客多样化需求，降低顾客购买成本，做到这两点，企业必然会大获成功。

悦读心得

德鲁克的这一思想对你有什么启示，请拿起笔，写下你的所感、所思、所得：

## 管理者应时常与顾客零距离接触

**管理精粹**

了解顾客并不容易，但与他们进行近距离接触是最好的方法。

——《下一个社会的管理》德鲁克

**⊙精彩阐释**

德鲁克说，无论做哪一行，管理者都需要时常到市场上走动。任何企业想要彻底地了解顾客，都是一件很困难的事情——这是为什么任何优秀的企业都看重市场调查的原因。尽可能了解有关顾客的信息，是企业管理者必须长期坚持的一项重要工作。任何重要的信息都隐藏在顾客群体当中。

增强顾客对公司商品的信任度和兴建超级商场，是克罗格杂货与面包公司安然度过大萧条和反连锁店运动的两张王牌。到1935年，公司已拥有50家超级商店。第二次世界大战结束后，约瑟夫·霍尔出任克罗格杂货与面包公司总裁。这位以创新著称的人揭开了公司发展史上新的一页。

霍尔将公司更名为克罗格公司，并一下子引进45种公司专卖商标，以加深顾客对公司商品的印象。顾客调查活动是霍尔亲自主持的一项重大改革措施。霍尔坚持认为："对公司发展什么商品、增加哪些服务、使用什么销售手段等问题最有发言权的是顾客。"

为此，他在所有现金出纳机旁安装了顾客"投票箱"。顾客可以把自己对克罗格公司的意见和建议投入箱中，如需要哪种商品、哪种商品应如何改进、需要什么专项服务，等等。每一张"票"上都留下顾客的姓名和联系地址，一旦该顾客的建议被采纳，他就可以终生免费在克罗格公司的商店里享受该种服务或购买该种商品，还可以获得公司赠予的优惠折扣消费卡，在购买任何商品时都享受减价优待。

"投票箱"深受顾客欢迎，提建议者络绎不绝。克罗格公司就根据顾客的建议对症下药，使公司每一项新出台的措施、每一种新上市的商品都一炮打响。公司的经营覆盖区域扩大到得克萨斯、明尼苏达和加利福尼亚。1952年，其销售额突破10亿美元大关。

1960年，克罗格公司根据顾客的建议，在商店中增设药品柜台，大获成功。1962年，又根据顾客的建议开设了折扣商店，这种商店的装修极为简陋、服务项目少得可怜，顾客完全像是进入一家堆满货物的仓库去自行挑选。由于减少了经营管理费用，所以这里的商品价格都格外便宜，牢牢吸引住了具有庞大购买力的工薪

阶层。到1963年，克罗格公司的年销售额达到了20亿美元。

詹姆斯·赫林于1970年就任克罗格公司的总裁。赫林把公司设立的顾客“投票箱”称为“科学的市场调查法”，他要求公司的员工要“像满足情人的要求那样”去满足顾客的要求。克罗格公司的企划、广告、革新都是根据顾客的意愿来进行的。例如，克罗格公司率先在易腐烂商品的包装上注明有效期、推出无污染的“绿色食品”、在富强粉食品中增加面粉精加工过程中易损失的营养物质等。

克罗格公司之所以能够赢得顾客的长久信赖，获得持续成功，关键就在于公司的高层与顾客的零距离接触。只有接触顾客，才能更好地满足顾客的需求，克罗格公司深谙这一道理。

克罗格公司这一系列动作说明：必须摧毁过去的产品开发体制，变“向顾客推销产品”为“顾客需要什么，我们就开发什么、生产什么”，进而发展到“顾客还说不清需要什么，我们已经送上产品，让他获得意外的惊喜”。所谓“市场营销不是卖，而是买”，讲的就是这个道理。

**实用指南**

把握市场需要，不断推陈出新，是企业竞争胜利的关键所在。尤其对那些只经营单一产品的企业而言，不断推出迎合目标顾客口味、具有时尚概念的新产品，能够使企业在同行业中总处于领先地位。

悦读心得

德鲁克的这一思想对你有什么启示，请拿起笔，写下你的所感、所思、所得：

## 信誉是无形的资产

**管理精粹**

诚实的力量是巨大的，它所形成的吸引力、向心力，能化用财源和取之不竭的无形资本。

——《成果管理》德鲁克

**⊙精彩阐释**

德鲁克说，诚实的力量是巨大的，它所形成的吸引力、向心力，能化用财源和取之不竭的无形资本。空口的承诺丝毫不能跟真正的服务相比，诚实是促使顾客采取行动有效的方法。

北京同仁堂是一个难得的百年老店，也是中国医药界的一块“金字招牌”。

同仁堂创建于清康熙八年（1669 年），自 1723 年开始供奉御药，历经八代皇帝，共 188 年。在三百多年的风雨历程中，历代同仁堂人始终恪守“炮制虽繁必不敢省人工；品味虽贵必不敢减物力”的古训，树立“修合无人见，存心有天知”的自律意识，造就了制药过程中兢兢业业、精益求精的严细精神，其产品以“配方独特、选料上乘、工艺精湛、疗效显著”而享誉海内外。

开业之初，同仁堂就十分重视药品质量，并且以严格的管理作为保证。1702 年，创始人乐显扬的三子乐凤鸣在同仁堂药室的基础上开设了同仁堂药店，他不惜五易寒暑之功，苦钻医术，刻意精求丸散膏丹及各类型配方，分门汇集成书。乐凤鸣在该书的序言中提出“遵肘后，辨地产，炮制虽繁，必不敢省人工；品味虽贵，必不敢减物力”，为同仁堂制作药品建立起严格的选方、用药、配比及工艺规范，代代相传，培育了同仁堂良好的商誉。

300多年来，同仁堂为了保证药品质量，坚持严把选料关。起初，北京同仁堂为了供奉御药，也为了取信于顾客，建立了严格选料用药的制作传统，保持了良好的药效和信誉。新中国成立后，同仁堂除严格按照国家明确规定的上乘质量用药标准外，对特殊药材还采用特殊办法以保证其上乘的品质。例如，制作乌鸡白凤丸的纯种乌鸡由北京市药材公司在无污染的北京郊区专门饲养，饲料、饮水都严格把关，一旦发现乌鸡的羽毛、骨肉稍有变种即予以淘汰。这种精心喂养的纯种乌鸡质地纯正、气味醇鲜，其所含多种氨基酸的质量始终如一，保证了乌鸡白凤丸的质量标准。

中成药是同仁堂的主要产品，为保证质量，除处方独特、选料上乘之外，严格精湛的工艺规程是十分必要的。如果炮制不依工艺规程，不能体现减毒或增效作用，或者由于人为的多种不良因素影响质量，不但会影响药效，甚至会危害患者的健康和生命安全。同仁堂生产的中成药，从购进原料到包装出厂都有上百道工序，加工每种药物的每道工序都有严格的工艺要求，投料的数量必须精确，各种珍贵细料药物的投料误差控制在微克以下。例如犀角、天然牛黄、珍珠等要研为最细粉，除灭菌外，要符合规定的罗孔数，保证粉剂的细度，此外还要颜色均匀、无花线、无花斑、无杂质。

从最初的同仁堂药室、同仁堂药店到现在的北京同仁堂集团，同仁堂经历数代而不衰，在海内外信誉卓著，树起了一块金字招牌，真可谓药业史上的一个奇迹。

企业卖的是信誉，而不是卖产品。消费者给予企业无任何企图的赞扬，有口皆碑，这就是美誉度。这种美誉度是无价的，是最可贵的最可靠的市场资源。

## 实用指南

信誉是树立品牌的关键点。在当今市场，从牙刷到理财服务，每样东西都已成为商品。由于产品、服务和技术如此易于模仿，企业信誉成为决定顾客购买取向的决定性依据。

悦读心得

德鲁克的这一思想对你有什么启示，请拿起笔，写下你的所感、所思、所得：

## 让顾客觉得物超所值

**管理精粹**

只要二手车的售价能够保持在较高的水平，顾客就无法拒绝以旧换新，提高消费档次的诱惑。

——《管理：使命、责任、实践》德鲁克

### ⊙精彩阐释

德鲁克认为，顾客都是极其理性的，只有能够获得更多的价值，他们愿意掏空钱袋。因此，任何企业不仅要满足顾客的价值概念，还要想方设法超过顾客的价值期望，让顾客感到物超所值。

让顾客感觉物超所值，牵涉到一个重要概念：顾客价值。顾客价值是从消费者的感官为出发点的概念，它是指顾客从购买的产品或服务中所获得的全部感知利益与为获得该产品或服务所付出的全部感知成本之间的对比。如果感知利益等于感知成本，则是“物有所值”；如果感知利益高于感知成本，则是“物超所值”；感知利益低于感知成本，则是“物有不值”。

某软件公司销售人员向北京一家贸易公司财务部部长推销一款财务软件。这款软件定价为3600元，部长觉得价格有点高，一直为是否购买而犹豫不决。

看到这种情况，销售人员决定为这位部长算下一笔账。他问部长："部长，对账费时间吗？不知道您这边是经常需要对账，还是偶尔才需要对一次账呢？"

部长表示，由于这家贸易公司是大型卖场和厂商的中间商，需要在财务上每天和卖场及厂商进行核账。一天起码有 3 个小时的时间是用在核账上面。部长对此很苦恼。

于是销售人员就趁机说："我们这款软件的授权使用时间是 10 年，也就是大约 3600 天，平均下来每天的成本才是一元钱。而这一元钱对公司来说，可以忽略不计，而对您的意义可就大为不同。它等于让您每天空出 3 个小时的时间。您觉得值不值？"

部长肯定觉得值，等到销售人员刚把话说完，立即决定购买一套。

从销售技巧上来看，销售人员最后使客户欣然接受了这款软件的价格，是因为巧妙运用了"除法原则"。

## 实用指南

营销界流传一句话，顾客要的不是便宜，要的是感到占了便宜。当顾客觉得占了便宜，就会爽快地掏钱包。企业管理者及营销人员要在产品价值上多做文章，通过抓住让消费者"心动"的关键点，使消费者在心理上产生物超所值的愉悦感和满足感。

悦读心得

德鲁克的这一思想对你有什么启示，请拿起笔，写下你的所感、所思、所得：

# 第二章　用短线心态经营，势必付出昂贵代价

## 成长过快，死亡也快

**管理精粹**

成长过快绝对是企业经营的一种危机。任何组织的规模在短期内迅速扩大了一倍或者两倍，这就代表着组织扩张的速度超过了它原本使用的企业认知的限度。

——德鲁克《巨变时代的管理》

**⊙精彩阐释**

企业在创建以后，成长是一个必经的过程，然而，过分追求成长的速度无异于自寻死路。管理行为因其具有艺术性，因此追求动态的平衡便成为经营成长的动力。

五谷道场，2005 年 11 月面市，2006 年在全国销售额迅速做到 5 亿多元人民币，荣登年底“第五届中国成长企业 100 强”的榜首。可惜的是，其成长性犹如涨潮一样，来得快去得也快，最终因资金链断裂而深陷困局，难逃被人收购的命运。反观五谷道场从快速增长到快速衰落的发展轨迹，我们在扼腕的同时，更应该反思和引以为戒。

20 世纪末，河北邢台人王中旺先生在家乡隆尧县创业，创建了河北中旺食品有限公司，也就是中旺集团的前身。2004 年年中，

王中旺决定打造一个新的品牌，以实现产品从中低端向高端的扩张和延伸，当年10月，五谷道场注册成立。

2005年年初，为了打造自己的高端品牌，同时也为了有别于康师傅等方便面巨头，五谷道场在品牌价值上出奇制胜，“拒绝油炸、留住健康”“非油炸、更健康”等概念被迅速推出。由于当时油炸食品致癌风波闹得正欢，已经让消费者颇感恐慌，所以五谷道场的横空出世可谓恰逢其时，自然在市场上引起了强大的震动。

五谷道场“非油炸”广告开始在央视和地方电视台及各类平面媒体上狂轰滥炸，上市前3个月，五谷道场就在各城市选择高档社区、写字楼、学校、车站码头、交通要道进行大规模免费派送。五谷道场开始红遍中国，上市当月即获得600万元的销售额，之后一路增长，市场一天比一天好。半年后，五谷道场市场全国铺开，每月回款达3000万元左右。当时，公司上下无不陶醉在差异化的胜利之中。

在五谷道场的强烈攻势下，2006年方便面行业销售下挫60亿元，之前销售淡季行业开机率为75%，而2006年2月后开机率仅为45%。面对大好形势，五谷道场不断扩大销售队伍，增加产能，加大广告投入，并且同时在全国30多个城市设立办事机构，半年内员工数量曾一度扩展到2000多人。原本仅有几十个人的北京本部，居然在很短的时间内建立起一支近千人的销售团队。

但这时的五谷道场已经埋下隐患。根据中旺集团内部人士对媒体透露，五谷道场的财务控制过于粗放，严重透支了企业资源。“我们是中型企业在做大型企业的事情。”就连掌舵人王中旺也曾对媒体承认，“我们已经投资了4.7亿元，仅广告费就支出1.7亿元。”真正形成现金流的只有3亿元，这使得五谷道场的现金流开始吃紧。2007年中期，五谷道场在全国各地超市相继出现了断货现象，五谷道场这个品牌逐步退出市场，中旺集团只好吞下失败的苦水。

企业的发展仅靠规模扩张是不够的，规模扩大到一定程度，应放慢发展速度，使企业有个喘息的机会——这是客观事物发生和发展的必然。针对这一问题，企业应把好两个“关”：一是企业发展速度要与企业管理水平相适应。企业发展速度太快而相应的企业管理水平未能提高、人才培养等跟不上，就有可能造成管理滑坡，影响企业经济效益。二是企业发展速度与企业资金的调转速度相适应。如果资金不能及时回笼，公司没有足够的资金支持企业的发展速度，企业将因为发展过快而陷入被动。

**实用指南**

物极必反，成长过快，失败也快。企业成长过快，一方面是因为市场环境给予机会，另一方面是企业管理者主观上过于追求发展速度和规模。中国有句古话，叫作“欲速则不达”，很多企业因为急于扩张，谋求企业的快速发展，如意算盘没打成，赔了夫人又折兵，造成资金链断裂，最后导致企业崩溃。

悦读心得

德鲁克的这一思想对你有什么启示，请拿起笔，写下你的所感、所思、所得：

## 资源配置要着眼于未来

**管理精粹**

只强调利润，将会误导管理者，以至于危害企业的生存。

——《管理的实践》德鲁克

## ⊙精彩阐释

德鲁克认为，目光短浅的管理者会为了今天的利润而破坏企业的未来，他们会将各种资源集中在目前最好的产品线，而忽略对有潜力的业务和潜力市场的投资。

在全球经济一体化的今天，所有企业都面临着高新技术、信息化和全球化的挑战。市场竞争的频率越来越快，企业在发展到一定程度之后，应该善于着眼于未来进行战略调整。这是一个趋势。竞争日益激烈的市场，要求企业要善于为未来布局，企业只有着眼于未来利润进行资源配置，才能赢得未来。

2007 年，万科的新标志取代了伴随它走过 19 年的老标志。这时人们都已经淡忘万科曾经是一家以电器贸易起家的多元化公司。1993 年万科的业务曾遍及十多个行业领域。

当时万科希望到中国香港发行 B 股却因为业务线过长而受到讥讽。然而这样一个苦苦探索的企业，在选择了一条正确发展道路后终于获得了成功，万科董事长王石可谓功不可没。

王石曾感慨地说："从海拔 8844 米的高度俯瞰能看到什么？其实，登顶那天云雾弥漫，可见度很低，啥都看不到。做企业比登山更难。两者不同在于，一个是丈量自己的高度，一个是丈量企业的高度。两者相同在于，在信念和目标下，定位自己的脚步，选择正确的路线前行。"

1993 年春节后，当其他企业认为"不能将鸡蛋放在同一个篮子里，需要多产业发展，广区域布局"时，王石发现，万科利润的 30% 来源于房地产。在他看来，房地产这一块并非最大利润，但是它的发展速度却是最快的。于是，王石带领万科的管理层找了个安静的地方召开会议，大家既不谈指标，也不谈利润，而是提出了将房地产作为公司的未来发展方向。

这个发展方向在业内引起广泛争议。而王石始终认为将来的市场发展趋势是专业化。他一步步减掉万科正在赢利的各种业务：零售、广告、货运、服装、家电、手表、影视等。曾经长袖善舞的万科选择轻装上阵，单盯着一条住宅开发的路往下走。

2008 年，在他提出专业化发展的第十四年，万科成为中国房地产行业内的龙头老大，其发展规模之大令其他企业难以抗衡。王石也成为最有影响力的商界人物之一。

同样的事件在知名企业里并不鲜见。在市场不断变化的过程中，对于企业而言，做加法也好，做减法也好，都是适应市场的需要。一个具有全球战略眼光的企业家，会对自己产品在全球的地位随时进行动态分析，然后确定自己的核心竞争力在哪儿，自己做什么产品，保持什么样的品牌战略。

**实用指南**

不着眼于未来进行思考，必然被未来所抛弃。正如德鲁克所言，只强调利润将会误导管理者。管理者只有突破对短期利润的关注，从更长远的角度来审视企业的资源布局，才能使企业基业常青。

悦读心得

德鲁克的这一思想对你有什么启示，请拿起笔，写下你的所感、所思、所得：

## 一味追求高利润，会危害企业的生存

**管理精粹**

一味地追求高利润，是企业可持续发展时不该出现的极端行为。

——《变动中的管理界》德鲁克

## ⊙精彩阐释

追求利润是每个企业都不能忽视的目标，但企业不能一味强调利润，领导者管理企业必然要平衡各种需要和目标，利润只是一种比较重要的目标，企业为了战略需要、长远发展，不会把利润作为第一目标。过度强调利润，就会使管理者重视短期利益，为了今天的利润，不惜牺牲明天的生存。一个不择手段的企业很难建立信誉，一个只重视眼前利益的管理者也很难取得大的成就。所以德鲁克把一味强调赢利看成是管理中最愚蠢和糟糕的办法。

不强调赢利性，本质上体现的是管理者的一种品格和修养，一种眼界和视野。

第一次世界大战期间，有一位奥地利的先生非常喜欢美术作品，他拼命工作、节衣缩食，就是为了多收藏几幅名画。皇天不负有心人，数十年后，从伦勃朗、毕加索到其他著名画家的作品，他应有尽有，收藏颇丰。

这位先生早年丧妻，只有一子。时光流逝，奥地利卷入战争。他依依不舍地送走了远赴战场的儿子。两个月后，他收到了一封信，信上说："我们很抱歉地通知您，令郎在战争中牺牲了。"儿子是为了背回受伤的战友，而被敌人的子弹打中。这个消息对他而言无异于晴天霹雳。

老人一下子苍老了很多，终日在家发呆。就在此时，有一个年轻人登门造访。原来他是老人的儿子舍命搭救的战友。年轻人说："我知道您爱好艺术，虽然我不是艺术家，但我为您的儿子画了一幅肖像，希望您收下。"老先生泪流满面，他把画挂在大厅，对年轻人说："孩子，这是我最珍贵的收藏。"

一年后，老先生郁郁而终。他收藏的所有艺术品都要拍卖，消息传开，各地的博物馆馆长、私人收藏家及艺术品投资商们纷纷慕名前来。

拍卖会上，拍卖师坚持先拍卖老人儿子的画像。他说："这幅画起价100美元，谁愿意投标？"会场一片寂静。他又问："有人愿意出50美元吗？"会场仍然一片寂静。这时有一位老人站起来说："先生，10美元可以吗？我虽然没有多少钱，但我是他的邻居，从小看着画中的孩子长大，说实话，我很喜欢这个孩子。"拍卖师说："可以。10美元，一次；10美元，两次；好！成交！"

会场立刻一片沸腾，人们开始雀跃，认为名画的拍卖就要开始了。拍卖师却说："感谢各位光临本次拍卖会，这次的拍卖会已经结束了，根据老先生的遗嘱，谁买了他儿子的画像，谁就能拥有他所有的收藏品。"

所有把利益放在第一位的人，都不能得到那些珍品。

作为管理者，当然不能相信天上会掉馅饼，更不会认为"天下会有免费的午餐"，既不能指望偶然的机遇，也不能完全靠利润来支撑。只考虑赢利的企业，必定是做不强、做不大、做不久，也无法让顾客信任的企业。

不以利润为目标，就避免了企业为了追求利润而失去绝佳的商业机会。一个伟大的公司当然也需要赚钱，但是光会赚钱的公司不是伟大的企业。

**实用指南**

很多企业家在刚开始创业的时候，就把为众人服务作为奋斗的目标。譬如比尔·盖茨，他在创业之初就已经把"让千万人都用得上电脑软件"作为目标；譬如山姆·沃尔顿，他发誓要建立一种既便利又廉价的商业形态，沃尔玛成为实现他这一理想的工具。当然，光有使命感的企业是不行的，必须产生财富，这样，企业创造的价值才得到人们的认可。

悦读心得

德鲁克的这一思想对你有什么启示，请拿起笔，写下你的所感、所思、所得：

## 用短线心态经营，势必付出昂贵代价

**管理精粹**

用短线心态经营企业，势必付出昂贵的代价。

——《变动中的管理界》德鲁克

### ⊙精彩阐释

在德鲁克眼里，利润都是有陷阱的，尤其是短期利润的诱惑，常常会使企业丧失了获得长期利润的源泉。这是因为对短期利润的追逐会使企业的有限资源越摊越薄，越来越稀释主业的供给。在日益专业化的竞争中，每个产业链上都汇聚了大量虎视眈眈的竞争者，企业最终会因为资源分散而遭受失败。

顺驰集团的失败就是个典型。1994年，孙宏斌在天津成立顺驰公司，主要从事房地产中介业务，一年后将业务范围扩展到房地产开发。2002年顺驰首次异地开发房地产，由此顺驰集团进入快速发展阶段。

2003年9月，顺驰在上海、苏州、石家庄、武汉等地获取项目，迈出其全国化战略的坚实一步；同年10月，第一个异地项目——"顺驰·林溪乡村别墅"在北京正式亮相；同年12月，顺驰取得了北京大兴黄村卫星城1号地的开发权。

2004年，顺驰实现了100亿元的销售目标，储备的土地面积达1200万平方米，员工急剧膨胀到8000人，同时开发着35个项目。短短10年间，顺驰已发展成为中国房地产行业中极具影响力的企业，累计操作房地产项目57个，销售面积近500万平方米，累计实现销售收入近200亿元。

但顺驰良好的发展势头并没有持续太久。2004年的疯狂扩张导致其2005年的销售收入必须达到100亿元才能弥补现金流不足。不幸的是，2005年顺驰只有80亿元的现金回款，资金链迅速紧张。与此同时，国务院为控制日益高涨的房价出台了一系列宏观调控政策，顺驰重点投资的华东地区深受调控影响。其中，华东的重点项目苏州凤凰城的销售骤然下跌，每个月2亿元的销售回款任务几乎没有实现过，最差时每个月只能完成1000多万元，欠苏州政府的土地款高达10亿元。

面对日益恶化的形势，顺驰开始自救，但谋求的多渠道融资进展并不顺利。随着上市梦想的破灭，顺驰只好接受被收购的命运。2006年9月5日，顺驰中国控股有限公司以人民币12.8亿元出让其55%的股权给中国香港上市公司路劲基建有限公司；2007年1月23日，路劲基建有限公司宣布再投13亿元收购顺驰近40%的股权，从而持有顺驰近95%的股权。曾经辉煌的顺驰神话就此破灭。

德鲁克提出的追求最低限度的利润，即是企业稳定发展的真谛，也是对那些高速发展企业的忠告。市场也是讲究平衡的，当企业开始为追求高额利润而进行规划时，事实上你已经开始失去捕捉未来商机的机会——企业的资源和条件是有限，当所有资源都在为追求高额利润努力时，企业也就全部或者部分放弃了对未来商业机会的关注。

**实用指南**

每家企业都应该把目光放得更长远，每位管理者都应该使自己的眼光更开阔，管理者如果只顾眼前利益，终有一天会自食其果的。

悦读心得

德鲁克的这一思想对你有什么启示，请拿起笔，写下你的所感、所思、所得：

## 资金与人员的分配决定着企业收益

**管理精粹**

企业资金和人才的分配，决定着管理者能否成功地将业务知识转化为行动，也决定着企业能否获得收益。

——《永恒的成本控制》德鲁克

### ⊙精彩阐释

德鲁克说："企业资金和人才的分配，决定着经理人能否成功地将业务知识转化为行动，也决定着企业能否获得收益。"对于企业资金的分配，经理人要事先了解资本投资的情况，找到市场的空白点。

作为一名成功的领导应该知人善任，让自己的下属去做他们适合的事情，这样才能充分发挥他们的工作潜能，实现组织人力资源的有效利用。

李嘉诚手下有两员大将，霍建宁和周年茂，针对两人的不同特点，李嘉诚对他们做了不同的安排。霍建宁毕业于中国香港大学，随后留美深造。1979年学成回到中国香港，被李嘉诚招至旗下，出任长江集团会计主任。他利用业余时间进修，考取了英联邦澳洲的特许会计师资格证。

李嘉诚很赏识他的才学，也发现霍建宁是一个策划奇才，却不是一个冲锋陷阵的闯将，于是在1985年任命他为长江集团董事，两年后提升他为董事总经理，让他在幕后工作。

不会闯荡不等于没有才干，外界媒体称霍建宁是一个“全身充满赚钱细胞的人”。长江的每一次重大投资安排，如股票发行、银行贷款、债券兑换等，都是由霍建宁策划或参与抉择的。

为了发挥霍建宁的长处，李嘉诚较少派他出面做谈判之类的工作，而是给了他一副新的担子，为李嘉诚当“太傅”，肩负培育李氏二子李泽钜、李泽楷的职责。

周年茂是长江元老周千和的儿子。周年茂还在学生时代时，李嘉诚就把其当作长江未来的专业人士培养，并把他和其父周千和一道送赴英国学习法律。

周年茂学成回到中国香港后，顺理成章地进入了长江集团。李嘉诚发现他做事干脆，口才很好，指定他为长实公司的发言人。

1983 年，回到中国香港两年的周年茂被选为长江董事，1985 年与其父周千和一道荣升为董事副总经理。当时,周年茂才 30 岁。

周年茂虽然看起来像一位文弱书生，却颇有大将风范，指挥镇定，调度有方，临危不乱，该进该弃，都能够把握好分寸，收放自如，这一点正是李嘉诚最放心的。周年茂升任副总经理，顶替移居加拿大的盛颂声，负责长江的地产发展。

周年茂走马上任后，负责具体策划，落实了茶果岭丽港、蓝田汇景花园、鸭利洲、海怡半岛等大型住宅屋村的发展规划，顺利实施了李嘉诚的计划,从而以自己的能力赢得了李嘉诚的信任。李嘉诚将更大的重任托付于他。

李嘉诚善于识人，又能够把人才放在适当的位置上，这是他的高明之处，也是他管理好下属的一个良方。有许多领导者常感叹手下无人可用，其实在很多时候不是手下没人，而是没有把人放在正确的位置上。

**实用指南**

仔细审视一下你所在公司的资金和员工的分配政策，看看

它们是否达到了你的预期目标。如果没有，则应尽快修改分配措施。

悦读心得

德鲁克的这一思想对你有什么启示，请拿起笔，写下你的所感、所思、所得：

# 第三章　卓越，就是为企业寻找核心能力

## 成就来自于卓越

**管理精粹**

成就来自于卓越，伟大的企业或产品必定在某一方面甚至多方面超越对手。

——《成果管理》德鲁克

### ⊙精彩阐释

德鲁克认为，成就来自于卓越，伟大的企业或产品必定在某一方面甚至多方面超越对手，有许多企业还必须在不止一个领域中达到超过一般的水平。但是，要真正掌握市场给予经济回报的那种知识，就需要集中将几件事情做得格外出色，只有卓越才能成功。

2005年以前，美的微波炉、紫微光微波炉和蒸汽紫微光微波炉等一样，虽然试图通过产品功能的创新为自己觅得一条不一样的路，但在格兰仕的攻击下，难有进展。直到获得国家专利的“食神蒸霸”的问世，美的拥有了“蒸”的功能。“食神蒸霸”可以做诸如剁椒鱼头、清蒸大闸蟹等传统蒸菜，打破了此前微波炉的局限，不再只是加热工具。

自微波炉发明以来，一直横亘于行业面前的最大难题是，用

微波炉直接加热的食物脱水严重、营养流失严重、口感也不好，而“食神蒸霸”的成功推出，解决了这个问题。用微波炉蒸菜，无明火、无油烟，不但解决了厨房清洁难题，还可以实现智能化控制，而且与明火蒸食物相比，最大限度地减少了消费者用于烹饪的时间。此后，美的微波炉走上了提升微波炉价值、共享价值链，从而回归商业本原的道路，不断通过技术改进，赋予产品甚至整个行业新的价值。

2007 年 5 月“美的微波炉美食节”开展，美的微波炉的普通员工使用美的微波炉做出了八大菜系的近百道菜肴。正是凭借“蒸”的功能所创造的创新价值，使美的微波炉从价格战中冲杀出来。高强度的理念引导和品牌宣传，令美的微波炉取得了销量大突破——2008 年全年销售突破了 550 万台，接近 600 万台。

由此可见，只有出色才能超越对手，才能获得市场的青睐。

## 实用指南

成就来自卓越，任何平庸都不能换来经济回报。企业要想获得成功，不是干过多少事，而是干成多少事，尤其是在哪几件事上做得极端出色。

悦读心得

德鲁克的这一思想对你有什么启示，请拿起笔，写下你的所感、所思、所得：

## 技术领先是核心竞争力

**管理精粹**

核心优势就是能将企业的特别能力与顾客所重视的价值有机地结合在一起。

——《21世纪的管理挑战》德鲁克

### ⊙精彩阐释

在德鲁克看来，产品竞争主要包括价格和技术两个方面，在利润越来越透明的市场环境中，价格已经不是核心手段。不断的技术创新支持的差异优势，才是企业保持长久市场竞争优势的重要途径。因此，企业应把发展更核心的竞争力——技术领先，放在最重要的位置。

1998年，人们惊诧地发现，北欧小国芬兰有一家名叫诺基亚的公司，其手机销售量超过了全球通信巨无霸摩托罗拉，一跃成为移动电话制造业中的世界冠军。诺基亚能取得今天的成就，应该归功于时任总裁的乔马·奥利拉。但诺基亚能从生产胶鞋等传统产品转型为一家高技术公司，却不能不提到前任总裁卡瑞·凯雷莫。

1977年，凯雷莫被任命为诺基亚新总裁。在他的率领下，诺基亚成功地把简陋的无线通信器，发展成为一种成熟的移动通信系统，也就是早期的大哥大。诺基亚开发出来的大哥大，具有许多实用性优点，很受市场的欢迎，成为诺基亚的一个赢利点。

于是，凯雷莫把目光瞄准了当时那些炙手可热的产品——家用电器、计算机、BP机等，他开始四处扩张，先后购买了德国的电视机生产厂、瑞典的计算机公司、美国的传呼机公司。他的莽

撞为诺基亚的发展带来了麻烦，在强大的日本索尼、荷兰飞利浦、美国 IBM 等竞争对手面前，诺基亚节节败退。

更为不利的是，美国通信巨人摩托罗拉只花了很短的时间，就在无线通信技术上后来居上，研制出了第一代手机——模拟机，并大批量生产，使唯一能给诺基亚带来赢利的大哥大产品在市场上处处碰壁，公司业绩下滑，并开始亏损。股东们怒气冲冲，不断向凯雷莫施加压力。凯雷莫不堪重负，在 1988 年 12 月 2 日选择了自杀。

1990 年 2 月，诺基亚董事会想把手机生产业务卖掉，他们找来刚刚上任的手机部负责人——38 岁的奥利拉。奥利拉阻止了董事会的决定。在手机研发部的项目档案中，他发现诺基亚有一个没被注意的为 GSM 标准开发相应手机产品的项目。尽管当时 GSM 远未是一个成熟的数字化手机通信标准，但奥利拉顿时凭直觉，认为它很可能成为继模拟方式之后的第二代手机标准。

1992 年，奥利拉被任命为诺基亚的新任总裁。上任后，他做的第一件事就是调兵遣将，他把新生代那些有创新精神并与他同时期进诺基亚的年轻人放在了 GSM 手机研发位置上。他们全力推进 GSM 通信标准手机的研发和生产，不断扩大着诺基亚的技术优势。

1993 年底，局面渐渐明朗，欧洲各国先后开始采用 GSM 数字手机通信标准为新的统一标准。诺基亚趁机把它精心准备的突破性产品——2100 系列手机推向市场。这种手机用了新潮的数字通信标准，音质清晰而稳定，机身小巧玲珑，大受市场欢迎。

1994 年，诺基亚终于在美国成功上市，吸纳到大量投资。奥利拉乘胜追击，在追求更完美的技术的同时，高举“手机不再是昂贵奢侈品，而是一种时尚装饰物和易用工具”的旗帜，和对手展开了创新速度、设计和价格的大赛。凭借领先的技术优势，诺基亚手机平均每隔 35 天就推出一个新品种，并且带动手机价格在数年内一再下跌。至 1998 年，诺基亚取得全面胜利。在全球手机市场份额中，它一举拔得头筹，占总份额的22.5%。

诺基亚的成功说明了技术领先就是企业最大的优势。凯雷莫时代的大哥大，一度在技术上领先于对手，结果这种优势不被重视，很快被摩托罗拉超越；奥利拉没有让这种悲剧重演，在取得领先之后，时时创新，一直保持领先，始终使自己在市场竞争中保持领先地位。

**实用指南**

企业管理者应该知道，通过技术创新赢得市场地位实际上比防守一个已有的市场地位要稳妥得多。只有技术领先，才可能实现持续领先。

悦读心得

德鲁克的这一思想对你有什么启示，请拿起笔，写下你的所感、所思、所得：

## 成为多个领域的领先者

**管理精粹**

巴克公司在每个领域内都握有一小部分药品，并且这些药品都是具有明显优势的。

——《管理学案例》德鲁克

**⊙精彩阐释**

在谈及巴克公司的战略目标时，德鲁克说："巴克公司在每个领域内都握有一小部分药品，且这些药品都是具有明显优势的，并对提高临床医学水平发挥着举足轻重的作用。"德鲁克说这句话

的目的是为了告诉我们，任何一家成功的企业除了在一个领域内做得极端出色外，还要精通其他的知识领域。

珠穆朗玛峰之所以成为地球之巅，因为它是矗立在喜马拉雅山之上，盘基广大的高原之上。假如把它建立在河海平原上，8000多米的高峰是难以存在的，犹如无源之水易于枯竭。对于企业，亦是如此。

作为世界上最为重要的电信设备供应商之一，华为集团取得的成绩已令很多同行企业望其项背。在华为集团，48%的员工从事研发工作，截至2008年6月，华为已累计申请专利超过29666件，连续数年成为中国申请专利最多的单位。华为技术有限公司加入了ITU、3GPP、IEEE、IETF、ETSI、OMA、TMF、FSAN和DSLF等70个国际标准组织。华为担任ITU-TSG11组副主席、3GPPSA5主席、RAN2/CT1副主席、3GPP2TSG-CWG2/WG3副主席、TSG-AWG2副主席、ITU-RWP8F技术组主席、OMAGS/DM/MCC/POC副主席和IEEECaGBoard成员等职位。

华为对标准和专利进行投入持之以恒，掌握未来技术的制高点。在3GPP基础专利中，华为占7%，居全球第五。2008年2月21日，据世界知识产权组织（WIPO）报道，华为2007年PCT国际专利申请数达到1365件，位居世界第4，较前一年上升9位。前三名的企业分别是松下、飞利浦和西门子。

华为总裁任正非要求华为突破对单个产品的迷信和依赖，能够为客户提供“整体产品”。在2006年的北京国际通信展上，华为重点展示涵盖移动产品、固定网络产品、光网络产品、数据产品领域、无线终端产品、数据产品领域、业务与软件等全面的系列产品及解决方案。产品的深度延伸，使得华为的市场空间进一步扩大。

只精通一种技术是远远不够的。任正非提出的整体产品思想，就是要求华为不仅要在一个产品领域领先，还要在多个产品领域内领先。在这种思想的背后，是任正非的忧患意识：尽管华为拥有很多在国际市场上具有很强号召力的产品，但如果华为对这些产品产生依赖，那么它还能够持续领先吗？答案显然是不能。忽略已经取得的成就，追求还未攀登的高峰，只有这样，企业才能走在市场的前列。

**实用指南**

大多数行业都有一个或几个企业处于市场领导者的地位，这些市场上的领先者不断受到其他企业的挑战，为了保持领先地位，有三种领先者战略可供选择：

1. 扩大市场占有率。一般来讲，市场占有率和企业的赢利能力之间存在一种正比关系，赢利能力随市场占有率的增加而增加。但是在到达一定限度以后，盲目追求市场占有率的进一步增加，会导致成本的上升。

2. 扩大总需求。这主要表现在寻求现有产品的新用户、新用途以及更多的使用量上。

3. 维持现有市场占有率。领先者必须通过有效的防守和进攻战略，积极反击竞争对手对现有市场的争夺。最好的措施是根据市场的发展变化，不断创新。在采取这种积极进攻措施的同时，领先者还要选择不同的防守战略。

悦读心得

德鲁克的这一思想对你有什么启示，请拿起笔，写下你的所感、所思、所得：

## 别被短板遮住眼睛

**管理精粹**

他们更看重自己并不擅长的事物或领域。

——《成果管理》德鲁克

**⊙精彩阐释**

德鲁克说，一般而言，要知道怎么做比较容易。所以企业内部的人往往会认为自己所拥有的能力并没有什么，即使拥有特殊能力，他们也会大意地认为所有的同行都具备这种能力。相反，他们更看重自己并不擅长的事物或领域。因此，企业管理者千万不要被短板遮住了眼睛。

为了更好地理解企业核心竞争力战略，可以在企业内部就下面三个带有根本性的问题掀起广泛深入的讨论，以期取得共识：一是如果我们不控制这种独特的核心竞争力，我们的现有竞争优势能维持多久？二是这种核心竞争力对顾客可感知价值是如何重要？三是如果我们不拥有这种特殊的核心竞争力，我们在将来会失去哪些可能的机会？

这种沟通不只在企业内部运行，还要与企业外部的顾问和投资者进行沟通。例如，要使企业在某核心技术方面的专长成为核心竞争力，首先需要企业在该技术领域不断进取，始终保持领先地位，这意味着企业不仅要给予资金支持，还要建立有效的科研开发激励制度；其次需要很好地协调研发部门与生产销售部门之间的关系；最后，在产品营销阶段，需要建立市场信息反馈机制，使研发更好地与市场需求保持一致。

以天津药业为例，它首先确立“高科技加规模经济”的发展战略，其“高科技”目标非常具体：生产的所有产品，在中国只要还有一家生产，质量和消耗指标就要领先于它；主导产品地塞米松要超越世界王牌罗素公司的产品；开发的新品附加值要高，同时必须具备一定的生产规模。

为了超越对手的一流产品，天津药业在改造传统工艺、提高质量降低消耗上下功夫，在公司里，技术开发、市场开发是一线，生产是二线。它建立了国家级技术开发中心，以开发中心为主，在生产经营全过程建立技术创新系统，每个车间都设有试验室，各班组都有工艺员和试验员，公司投入技术开发中心的科技费用每年都不少于3000万～4000万元。

同时，它将市场信息、产品销售、质量监控、储运发货到售后服务形成链条，只要国内用户急需，销售人员一刻不耽误地送药上门。为了聘到和留住能够开掘核心竞争力的人才，天津药业修订了聘用原则，不拘一格使用人才，并明确奖励创新，规定奖金的70%必须奖给主创人员，管理者等无关人士一分不取。

构建企业核心竞争力时企业高层领导起决定性作用。一个对企业核心竞争力的开发与构建反应迟钝的高层领导，往往无意在企业现存业务中开发、构建自己的核心竞争力，而是依靠在企业外部进行关键零部件的配套购买来填补自己核心技术空心化的缺陷。

这种做法无疑是将开发企业核心竞争力的机会拱手让出。一旦核心技术改变或拥有核心技术的供应商决定进入市场成为竞争对手，则该企业的抵抗力将十分脆弱。企业高层领导的战略重视仅仅是成功的一半，成功的另一半还需要企业高层领导对构建企业的核心竞争力制订出切实可行的计划。

**实用指南**

企业需要内审自己所经营的业务、所拥有的资源和能力，外

察市场需求和技术演变的发展趋势，运用企业的创新精神和创新能力，独具慧眼地识别本企业的核心竞争力发展方向，并界定构成企业核心竞争力的竞争优势有哪些。

悦读心得

德鲁克的这一思想对你有什么启示，请拿起笔，写下你的所感、所思、所得：

## 新技术将越来越呈现出扩展管理领域的趋势

**管理精粹**

两栖动物时代的巨大爬行动物，它们试图用细小而集中的神经系统来控制庞大的身体，结果必然是难以适应环境的突变。

——《管理的实践》德鲁克

### ⊙精彩阐释

德鲁克认为，新技术将越来越呈现出扩展管理领域的趋势，最大限度地分权已成为新技术的客观要求。任何一个企业，如果只靠集权来治理经济，必将自行灭亡。

"分权"是权力分配的一种形式，指领导者为了更好地实现领导目标而借助他人或集体的力量去推动工作的进行。同时领导必须对下属的力量科学使用，赋予明确的职责，才能达到预期的目标。

对领导者来说，权力不应是"守财奴"手中的金钱，而应是实现团队目标与个人目标的工具。只有穷汉才需要亲自操作属于自己的每一件工具。作为领导者，应该找到合适的人，将权力这种"工具"放心地交给他使用。从更高的现代领导艺术的要求来说，领导者应让自己的每一位追随者都得到权力这种"工具"。也就是说，让每一位团队成员具备"自我领导"能力。领导自己则可以集中100%的精力处理20%的大事，用二八原则，当然能够应付自如了。如此好钢用在刀刃上，厚积而薄发，不失为管理上策。

强生公司是泰诺药品、邦迪牌创可贴、强生婴儿爽身粉和其他许多产品的制造商。它有着长期的分权历史，被认为是“使分权发挥有效作用的一个典范”。它的分权开始于20世纪30年代，166个分别注册的公司被授权独立经营。

强生公司在20世纪90年代调整其分权系统以消除那些通过最高管理层更多的协调可以避免的代价昂贵的错误。公司也曾因为各独立部门重复设置许多职能造成了高制造成本。总裁拉尔夫·拉森引入了在保持最基本分权的同时，通过财务控制系统重组的方法，加强对各独立部门行为的协调。

IBM公司则相反。它原是一个高度集权的企业，开始于1988年并在1991年后期展开的重组是IBM历史上最为剧烈的分权，其目标是将IBM分割为大量经营部门，这些经营部门彼此独立运作，使IBM公司成为一个“全体所有，但在营销、服务、产品开发和制造公司方面又有着或多或少自主权的企业”。

在赋予其管理人员较大的自主权的同时，IBM也给他们执行自主权施加一定压力，如必须在利润额上体现他们的经营成果等。IBM公司新的组织机构包括13个不同的业务部门，其中9个为制造和开发部门，4个为营销和服务部门。13位经理都将从7个方面计量其目标业绩，这7个方面包括收入增长率、利润、资产报酬率、现金流量、顾客满意程度、质量和员工士气，实现业绩目标的将获得重奖。IBM公司希望能通过改组激发起员工的潜能和创造性。最后，公司在1994年扭亏为盈，这表明努力已初见成效。

通用电气公司有13个独立的“战略经营部门”。在国际上，通用电气公司的德国竞争对手西门子公司也有分立的部门，而且每个部门都有自己的总裁和董事会。

随着企业经营的日益复杂化和多样化，企业大型化、跨国化和多角经营化的趋势越来越明显，致使企业内部的经营管理日趋复杂。为了保证使领导者可以抽出时间处理那些事关大局的事情，采用分权的手段不失为一个好的手段。

但要真正做到分权，不是件容易的事，贝尔电话公司有一句格言说得很好："领导者要做一件必须做又很难做的事，就是不管他们，还他们充分自由。"话说得可能有点绝对，可是其基本精神是十分正确的。因为领导者在分配权力的时候，要遵循的主要原则有：职权一致，责权对等原则；层级分明，权责明确原则；科学合理，相互制约原则；知人善任，大胆放权原则。尤其是最后一条，就是领导者要给予受权者充分的活动空间，而不应事事插手，横加干涉。作为领导者只要抓输入（决策）、比较输入和输出（目标和结果）就足够了，这就是"只管两头，不管中间"的黑箱原理。

领导者可以通过常见的分权方式，如金字塔式、矩阵式、职能式、授权式，获得一个组织为适应新条件所必须具备的一切品质。另外，权力分配还可以巩固和扩大领导者的权力。权力的巩固在于逐渐取得所有下属对其权力的承认。对权力予以分配，可以先使权力分配对象承认和接受你的权力，他们又会影响各自的下属承认你的权力。分权还是一种融用人用权于一体的领导艺术。西方哲人说：用人是领导的最高艺术。用权是领导者所有领导活动的保证，是用人的前提。现实中，分权最典型的例子莫过于资本主义国家的"三权分立"。其特点是：将国家权力分为立法权、行政权和司法权，并且这三种权力分别由不同机关行使，发挥三种权力的相互制约作用，保持三种国家权力之间的平衡状态，防止某一机关或某一个人的独断专行，以保障总体利益和各成员的应有权利。

以三权分立为代表的民主制显示了分权的重要性。钢铁大王卡内基有这么一句话："把我的所有的工厂、设备、资金、市场全部拿走，但保留我的人员和机构，四年以后我将仍然是一个'钢铁大王’。”作为一个现代领导者，应该最能够适应任务和环境的需要，应该对作用对象、领导任务的性质、上下级的特点和要求等有深刻而全面的认识，从而创造出合乎管理规律的有效的运筹方式和管理机制。

**实用指南**

权力是一把双刃剑，不管是采取集权还是分权，企业都应该有相应的管理工具和方法与它相配套，尤其是在分权的过程中，制度约束和文化平衡是一种重要的保障。不恰当的集权与不恰当的分权，都会对企业造成严重的伤害。只有控制住大的风险，才能达到集权和分权的相对平衡。总的来说，领导者应该谨慎从事，采用逐步缓慢放权的“渐进”方法，在放权的过程里，根据反馈信息及时调整偏差，合理地逐步放权，而不要希望立竿见影。

悦读心得

德鲁克的这一思想对你有什么启示，请拿起笔，写下你的所感、所思、所得：

## 认清自己的长板及短板

**管理精粹**

哪些是我们在既往时期内做得不好而对手却毫不费力地出色完成的事情？

——《成果管理》德鲁克

**⊙精彩阐释**

德鲁克说，企业要常问自己两个问题。第一个问题是：哪些是我们在既往做得出色而且未感到费力，但对手并没有做好的事

情；第二个问题是：哪些是我们在既往做得不好而对手却毫不费力地出色完成的事情。这两个问题能够帮助企业管理者认清自己的优势和劣势，如何扬长避短。

众所周知，一只木桶盛水的多少，并不取决于桶壁上最高的那块木板，而恰恰取决于桶壁上最短的那块木板。人们把这一规律总结成为“木桶定律”或“木桶理论”。

根据这一核心内容，“木桶定律”还有三个推论：其一，只有当桶壁上的所有木板都足够高时，木桶才能盛满水。只要这个木桶里有一块不够高度，木桶里的水就不可能是满的。其二，比最低木板高的所有木板的高出部分是没有意义的，高得越多，浪费就越大。其三，要想提高木桶的容量，应该设法加高最低木板的高度，这是最有效也是唯一的途径。

对一个企业来说，构成企业的各个部分往往是参差不齐的，而劣质的部分往往又决定了整个企业组织的水平。“最短的木板”与“最劣质的部分”都是企业系统中有用的一部分，只不过比其他部分稍差一些，并不能把它们当作累赘扔掉。因此，经营企业的真正意义就是去扬长避短。

20世纪50年代末期，美国的佛雷化妆品公司几乎独占了黑人化妆品市场，同类厂家始终无法动摇其霸主的地位。佛雷公司有一名推销员乔治·约翰逊邀请了三个伙伴自立门户经营黑人化妆品。伙伴们对这样的创业举动表示怀疑，因为他们的实力过于弱小，这像是拿鸡蛋往石头上碰。

约翰逊说，我并不想挑战佛雷公司，我们只要能从佛雷公司分得一杯羹就能受用不尽了。当化妆品生产出来后，约翰逊就在广告宣传中用了经过深思熟虑的一句话：“黑人兄弟姐妹们！当你用过佛雷公司的产品化妆之后，再擦上一次约翰逊的粉质膏，将会收到意想不到的效果！”这则广告貌似推崇佛雷的产品，其实质是在推销约翰逊的产品。

通过将自己的化妆品同佛雷公司的畅销化妆品排在一起，消费者自然而然地接受了约翰逊粉质膏，公司的生意蒸蒸日上，最终它取代了原先霸主的市场地位。

**实用指南**

任何一个系统，都不可能是尽善尽美的，都或多或少地存在着某些“短处”。对于这些“短处”有些管理者往往将其捂在内部，藏起来，冷处理，如此下去，“短处”势必会掩盖住“长处”，成为危及整个系统的“炸弹”。正所谓人无完人，对于这些薄弱环节，企业管理者不能视而不见。

悦读心得

德鲁克的这一思想对你有什么启示，请拿起笔，写下你的所感、所思、所得：

## 培养员工的“禁忌”

**管理精粹**

清楚界定培养员工的“禁忌”，远比阐明“准则”容易得多。

——《非营利组织管理》德鲁克

**⊙精彩阐释**

培训和发展员工是企业发展的重要手段，给员工投资，就是在增强企业的软实力。作为管理者，在培养员工时，应该注意哪些问题呢？没有思考的管理是一种愚蠢，没有原则的管理是一种渎职。所以，管理者首要明白的是培养员工时的禁忌。德鲁克认为，这些禁忌主要有三方面，一是不要过分关注员工的缺陷，即

不要试图通过培养来改变员工的缺点；二是不要重用那些“公子哥”“太子爷”式的人物；三是不要用偏颇的成见来培养员工。

关于第一点，众所周知，此处不再赘述。

第二，不要重用那些“公子哥”“太子爷”式的人物。“公子哥”“太子爷”式的人物，他们最大的危害就在于眼中没有组织，可以践踏组织的任何价值观和理念，企业一旦使用这样的人并且培养这样的人，这个企业就没有希望可言了。企业需要的是那种能上能下，能吃苦能做事，有谋略懂经营的人才；企业需要的是那种能有一颗平常心，却能做出不平常事业的人才。

第三，不要用偏颇的成见来培养员工。这其实是我们经常遇到的问题。很多管理者总是希望把属下培养成和他一样的人，或者总是用严格的规定来规范自己的权威。他们认为，只有听话的员工才是值得培养的员工。然而，我们所处的这个时代，恰恰最不需要的就是太听话的员工，因为他们只是被动地执行任务，而不是主动地承担责任。有才能的人往往都敢于挑战权威，市场环境瞬息万变，要培养员工，就应该让员工明白，什么情况下，他可以越权行事。“将在外，君命有所不受”，让员工能有机会独立行事是对他最好的培养。

一位电机总公司的总经理负责管辖一个小县城。这个县的电话局需要一辆吉普车，以适应临港区域的特殊交通条件。总公司虽然掌握着各种汽车的规格使用特权，但是不包括吉普车，其电话局可以提出购买吉普车的预算。

电话局长虽然征得许可而取得预算，总公司却说要等上一年。大家都很着急，总希望能找到另一种解决办法。

最后这位电机总公司的总经理做出决定：“3天之内将吉普车拨给电话局，责任我负。”总经理是个能人，他的做法与一般人不同。对于一般的人，如果权限操纵在上级手中，就只能消极等待，遵守繁杂的手续，他们会感到不这样做就没法买到想买的东西，做想做的事情。总经理也无权决定吉普车一事，但吉普车是急需之物，对实现公司的目标有很大帮助。所以总经理做出了超越权限的处置，没有因为无权而消极等待。

作为管理者，就应该培养这样的经理，因为高桥更明白一辆吉普车对下属开展工作的重要性，他越权行事的目的并不是藐视规则，而是因为规则已经严重束缚了企业的发展和目标的实现。这样的人往往会使他的上司感觉不舒服，但是这样的人更愿意对企业的效益负责。

**实用指南**

如今，社会发展一日千里，新技术、新理念、新方法、新模式层出不穷，只有不断地学习，不断地进步，才能跟上历史的进程不至于被社会所淘汰，才能成为企业中一支真正的超级团队，引领着整个企业不断向更高、更好、更强的目标迈进。

悦读心得

德鲁克的这一思想对你有什么启示，请拿起笔，写下你的所感、所思、所得：

## 研究对手，复制其优势

**管理精粹**

管理要对对手进行认证研究：这家企业的优势有哪些？在哪些方面表现得极为出色？

——《巨变时代的管理》德鲁克

## ⊙精彩阐释

研究对手是为了复制对手的优势，从而实现超越。德鲁克说，研究对手要回答出两个核心问题：是哪种优势能够让这家企业在市场竞争中脱颖而出？而这些优势又可运用到哪些方面？

鸿海集团是全世界EMS（电子组装制造）产业中的老大，其他竞争对手只能望其项背。但是，鸿海的日子也并非高枕无忧，先前每年30%的高增长态势已一去不返，投资者由追捧开始变得摇摆。

据统计，2007年11月至12月下旬，鸿海集团包括鸿海、鸿准、富士康及群创等公司，市值蒸发了8000亿元新台币。这其中的根源就在于鸿海的商业模式被对手成功复制。

以富士康为例，作为全球最大的手机代工厂，最近几年遭遇了比亚迪的强势冲击，后者从富士康手里抢走了大量订单，使富士康的未来市场空间面临着严峻考验。

比亚迪早期从手机电池起家，逐步建立手机生产技术，并锁定富士康为目标，打进诺基亚，成为富士康之外的第二大供货商。由于比亚迪的产品价格明显较富士康有优势，三星、摩托罗拉、诺基亚、索爱、TCL、海尔、华为、飞利浦等电子巨头逐渐成为比亚迪手机的代工客户。

比亚迪的商业模式与富士康非常接近，从2003年起，比亚迪进入了手机代工领域。截止到2008年2月，该公司的业务涵盖手机电池、手机代工及汽车生产领域。尽管富士康曾经表示，之所以比亚迪这几年发展非常快，就是因为它采用整批挖角的方式，复制了富士康的商业模式。但从商业竞争的角度上来说，复制对手的成功经验本身就是一种很好的竞争手段。

不仅富士康如此，据媒体报道："鸿海旗下的群创公司整合上游面板、关键零组件、下游监视器及电视的做法，在过去面板产能过剩时，创造了一个奇迹。不过，现在这一模式也受到越来越多的挑战，类似群创的整合商业模式也一一出现，例如友达与佳世达、奇美与冠捷，以及华映与唯冠等，它们的结盟，也让群创的领先优势不再明显。”

连鸿海本身也遭到了强有力的挑战。过去，通过横向并购，以及从模具、机壳、零部件到组装制造等上下游的垂直整合模式，鸿海打造了一个强大的帝国版图，显示出了强大的威力，把全球其他 EMS 大厂、国内 ODM（原厂委托设计制造）厂商逼得气喘吁吁。

然而，也就几年时间，鸿海成功的商业模式就被竞争对手成功复制。例如在 EMS 厂部分，早期曾遥遥领先鸿海的伟创力，自 2005 年龙头地位被鸿海超越后，它也开始“研究”鸿海，包括收购旭电、华宇计算机的笔记本计算机生产线，还入股驱动 IC 设计公司联合聚晶，这些并购及整合动作，无一不是针对鸿海而来。从各自财务报表看，2006 年伟创力的营收为 188 亿美元，旭电为 115 亿美元，两者相加约为 303 亿美元，与鸿海的 385 亿美元仍有一定差距，但它们之间的整合，有望从鸿海手中抢回 EMS 的龙头地位。

鸿海的商业模式已被竞争对手成功复制，这对鸿海构成了极大威胁。如果我们站在比亚迪、伟创力的角度来进行思考，就会得出这样的结论：复制对手是赢得竞争的重要捷径。复制对手是跟随者及后来者所采取的一种必要的竞争手段。采用这种手段，就能事半功倍，轻而易举地实现后来者居上。

### 实用指南

通过复制对手的经验，使自己减少了学习成本；复制对手的优势，能够使自己在短时间内获得和对手叫板的资本，即便不能顷刻之间削弱对手，也能不至于让其一花独放。

悦读心得

德鲁克的这一思想对你有什么启示，请拿起笔，写下你的所感、所思、所得：

## 让顾客说出企业的优势

**管理精粹**

企业应该不停地调查顾客：在我们为您提供的服务中，有哪些是其他企业所没有的？

——《成果管理》德鲁克

### ⊙精彩阐释

调查顾客的目的就是要从顾客那里得知企业已经获得的独特优势。德鲁克说，虽然并不是所有的顾客都知道答案，而且他们的答案也可能让人摸不着头脑，但这些答案仍会暗示企业该从哪个方向寻找真正的答案。管理者不要轻易、自大地认为企业的优势是什么，而应该让顾客来说出企业的优势是什么。

宝洁的成功就在于能够通过广泛的市场调查、科学的市场细分方法，全力推出一种或几种定位的产品，来满足不同消费群体的不同需求。让产品去满足顾客，而不是让顾客去适应产品。

在创业之初，宝洁公司的两位创始人看到当时美国生产的肥皂又黑又粗糙，与其本身的功能极不相称。为了适应妇女和儿童的需求，他们要求自己的产品：一是颜色要美；二是形状要美。于是，一种纯白、圆角的肥皂问世了。

多数美国人信基督教，他们就利用《圣经》中的“来自象牙宫的人，你所有的衣服都沾满了沁人心脾的香气！”给自己的肥皂取名“象牙”牌。为了打开“象牙”肥皂的销路，宝洁公司请来了美国当时著名的化学家和教授，对其产品进行分析、鉴定，做出权威性的报告，并把关键数字打入广告中，让消费者心服口服。很快“象牙”牌享誉全美以至全世界。

当宝洁把在美国畅销的洗衣精投向欧洲市场时，很快受阻，经调查发现，原因就在于欧洲的洗衣机只适用固态的洗衣粉，液态的洗衣精加入后，有一部分很快从底部流出。不久，宝洁就设计出了一种名为“威液球”的产品，当洗衣机的水加满时，才释放出洗衣精，并可重复使用。这种“威液球”很快成为畅销欧洲的产品。

为了使产品更贴近顾客，宝洁非常注意日常对客户的访问和调查，还首创了“一日回忆法”和查询电话制度。一日回忆法，即调查顾客对一天之内所接触到和正在使用的生活用品的感受：有何不便之处、有无新的要求等。查询电话制度则要求每天有50位员工从早到晚通过电话来回答顾客的询问，以便从中受到启发，使自己的产品不断得到改进和完善，并及时设计出适合顾客需要的新产品。

对顾客的重视使宝洁几十年来持续获得成功。由此可见，市场调查不是形式，是企业保持正确航道发展，寻找企业核心能力和优势的重要方法。

## 实用指南

市场调查的对象是顾客，而企业的利润全部由他们支付。任何顾客都是挑剔的，他们一定在多种选择中购买他们认为最好的产品。顾客会告诉企业应该怎么做。

悦读心得

德鲁克的这一思想对你有什么启示，请拿起笔，写下你的所感、所思、所得：

## 挖掘潜力是赢得市场的动力

**管理精粹**

仅有运气还是无法成功的。唯有那些能够系统地寻找并挖掘潜力的企业，才能成功。

——《成果管理》德鲁克

### ⊙精彩阐释

企业的潜力往往比已经发挥出的能力要大得多。专门盯着竞争对手而不关心自己企业内部挖掘的管理者是很不明智的。如果把与外部企业厮杀、血流成河的激烈竞争比作“红海”的话，那不断挖掘企业自身潜力，开拓新的市场的战略方式就是安居乐业、碧海蓝天的“蓝海”战略。

二战结束后，美日的航线主要由美国航空公司控制，对于日航来说，要想发展自己的业务非常艰难。为了改变生意冷清的状况，日航高薪聘请美国飞行员，购置一流的飞机，严保飞行安全和设施的先进，但由于竞争对手也采取了同样的措施，所以日航在竞争中仍处于劣势。

如何改变这种现状呢？日航决定从改善服务为突破口：世界各大航空公司的服务都大同小异，如精美的食物、和颜悦色的空姐、彬彬有礼的服务……但如果日航能够在飞机上展现日本的传统文化，不就能吸引好奇的西方乘客了吗？

于是，日航经过精心设计，让空姐身穿各种款式的和服，在飞机上向乘客展示日本的茶道；在送餐时以日本女性特有的温柔指导乘客怎样用筷子；为乘客服务时以日式鞠躬表示礼貌……这些充满了浓郁日本风情的服务方式，果然引起了西方游客对日本文化的浓厚兴趣，一些原本没有打算到日本旅游的西方人，也纷纷乘坐日航的班机前往日本旅游。

日航和其他航空公司相比，既没有硬件上的优势，也没有资金上的长处，他们在竞争中获胜的重要原因就在于：他们没有和竞争对手进行正面竞争，而是挖掘自身的优势，把握自身的长处，以改善服务为突破口，从而改变了自己在竞争中的弱势局面。

由此可见，企业内部的潜力就是企业赢得市场的动力。

**实用指南**

正如德鲁克所言，企业成功不仅仅靠运气，只有那些善于系统地寻找并挖掘潜力的企业，才能找到别人所不具备的优势，最终成为市场上的赢家。

悦读心得

德鲁克的这一思想对你有什么启示，请拿起笔，写下你的所感、所思、所得：

第三篇

# 赢在未来的远见、洞察力与有效决策

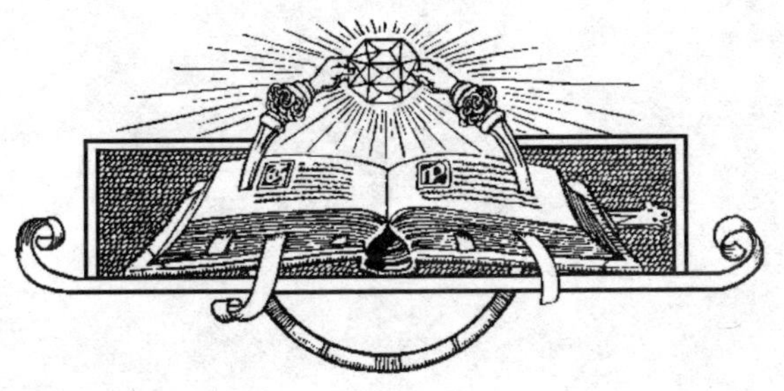

# 第一章　战略性计划关注的是当前决策的未来形态

## 战略规划不是预测

**管理精粹**

如果我们一味地预测未来，那只能使我们对目前正在做的事情怀疑。战略规划之所以重要，正因为我们对未来不能准确地预测。

——《管理：任务、责任、实践》德鲁克

### ⊙精彩阐释

为什么说战略不是预测？德鲁克给出两个理由：其一，未来是不可预测的。每个人都可以看一看当前的报纸，就会发现报纸上所报道的任何一个事件都不是10年前所能预测到的。战略规划之所以需要，正因为未来不能被预测。其二，预测是试图找出事物发展的最可能途径，或至少是在一个概率范围内。但是企业的发展往往是独特事件，它将不在预设的路径或概率范围之内，所以预测往往并不能带来作用。

得州仪器就是一家成功用战略规划主导企业未来发展的典型代表。20世纪80年代前期，得州仪器一直是全球第一大半导体公司，经营涉及笔记本电脑、企业软件、打印业务、国防工业、数字信号处理器等多项业务。各个业务板块都发展不错，但不是最好，各业务在全球市场上排名皆在十名左右，只有数字信号处理器业务在全球排名第一。是维持现状,还是围绕核心业务发展?这是个战略问题。

得州仪器的高层为了企业未来的发展方向多次召开会议,经过慎重选择,他们决定将笔记本电脑、国防工业等业务全部卖掉,将全部精力与资金投在DSP(数字信号处理器)ANALOG(模拟)领域。他们认为,未来市场竞争将会更加激烈,只有全力竞争才能成功,所以,他们选择了最具有前景的数字信号和模拟领域。这一战略是成功的。在全球半导体公司排行榜中,得州仪器位居世界第三。在通信芯片领域得州仪器堪称霸主,其全球约50%的GSM手机芯片市场占有率无人能敌。

在得州仪器的战略规划中,战略决策者并没有对未来的竞争动向进行预测,而是强调了为未来的市场竞争所做出的准备:他们砍掉了一些并不能在业内获得领先的业务,而是将资源转移到具有领先优势的业务上,确保优势业务在未来市场上持续领先。从得州仪器身上可以看出,成功的战略规划并不需要预测,战略规划的立足点是在今天而不是未来,它只要求企业为未来做好行动计划和资源支持。

**实用指南**

德鲁克认为,战略决策者所面临的问题不是他的组织明天应该做什么,而是"我们今天必须为明天来做哪些准备",问题不是未来将会发生什么,而是"我们如何运用所了解的信息在目前做出一个合理的决策"。战略规划并不涉及未来的决策,所涉及的是目前决策的未来性。决策只存在于目前。

悦读心得

德鲁克的这一思想对你有什么启示,请拿起笔,写下你的所感、所思、所得:

## 正确利用趋势而非对抗

**管理精粹**

善于利用结构性趋势的人很容易获得成功。如果想要对抗趋势，不仅极其困难，也是毫无前途的。

——《巨变时代的管理》德鲁克

### ⊙精彩阐释

德鲁克认为，在大多数行业中都可以看到结构性趋势的变化。结构性趋势在短期内对行业的影响微乎其微，但它远远要比短期性波动重要得多。然而令人遗憾的是，很多经济学家、政治家和管理者的所有注意力都放在短期波动上。事实上，谁利用结构性趋势，谁几乎就能必然取得成功。

历史上一共经历了三次革命，农业革命、产业革命，以及目前正在进行的信息革命。日本软件银行集团创始人孙正义始终信奉的观点。他认为，在信息化社会的第三阶段，由提供数字化信息技术的微软、英特尔、思科、甲骨文等国际知名企业担纲主演。但是，只有信息化社会的第四阶段来临，提供数字化信息服务的网络公司跃出台面，革命才算是真正成功。那时信息产业的成长幅度也会比现在的个人电脑产业大得多。这是孙正义坚定的“未来趋势判断”。

孙正义的梦想是：“当信息化社会进入第四阶段，我希望软件银行能够名列世界前十大企业。老实讲，我的志向是成为第一，在我心目中只有第一，没有第二。”为实现这个目标，孙正义做了规模宏大的部署。他用别人觉得疯狂的方法，在20世纪的最后6年时间里，投资600多家IT公司。每当孙正义看到有前途的公司时，他就猛扑过去。其中对雅虎的豪赌让孙正义一战成名。孙正义的雅虎股票每股投资成本约 2.5 美元，市场价则冲高到 250 美元，升值整整 100 倍。到 2000 年，软银已成为国际网络业的最大股东。2000 年初，软银股价比发行价升值 90 倍，孙正义身价达到顶峰——700 亿美元。

在日本，最大的在线游戏公司、最大的入口网站、最大的电子交易网站、最大的网络拍卖服务，都是孙正义的公司。他曾自豪地说道："在日本，我们就等于雅虎加谷歌加 eBay。"孙正义认为，从拨号到宽带，不过是网络革命性改变的第一阶段，手机宽带上网将会是下一个主流。现在，全世界一年卖出两亿台个人电脑，手机的销量是电脑的 5 倍，手机上网时代的到来是大势所趋。孙正义现在要抢的下一个第一名，就是手机宽带上网，2007 年软银为此投入 155 亿美元。拿到手机上网主导权后，孙正义将要采掘下一个金矿：手机上网购物。孙正义说："这个大趋势刚刚开始。"

孙正义顺应商业发展潮流而独占鳌头。当结构性变化出现时，一如既往的将面临淘汰的危险，而迅速改变将迎来机会。对于任何企业来说，对抗大势必然会失败。

**实用指南**

德鲁克说，在短期内与趋势抗争非常困难，而且长期与趋势抗争几乎是毫无希望。企业管理者应该时刻审视并努力把握未来发展趋势，以顺势而赢得未来，绝不能因对抗形势而处于被动。

悦读心得

德鲁克的这一思想对你有什么启示，请拿起笔，写下你的所感、所思、所得：

## 促进资源转化为成果

**管理精粹**

战略规划是思想、分析、想象和决策的应用，强调的是责任。

——《管理：任务、责任、实践》德鲁克

### ⊙精彩阐释

在德鲁克眼里，企业管理者应通过有组织的、系统的反馈，对照着目标进行衡量战略决策的成效。任何决策都要有成效，而衡量成效的重要标准是促进资源转化为成果的多少。他认为，最权宜、最机会主义的决策，以及那种根本不做决定的决策，将会在一个相当长的时期内承担无效决策带来的责任。

20世纪80年代，日本制造是世界的旗帜。索尼、松下等企业成为世界级品牌，美国制造则节节败退。就在这个时候，美国以IBM为首的公司开始生产个人计算机及各种配件。美国公司首先找到日本人，问是否愿意给美国代工。日本的企业集体反对，只有NEC做了规模不大的投入。

于是美国又去韩国寻找，把辅助产品交给他们代工。结果，韩国的三星、LG得以迅速崛起。日本的企业很后悔，在笔记本市场奋起直追，最后在整个电脑硬件领域只有这块市场有一席之地。

20世纪90年代，美国开始了互联网的建设，美国企业再次找到了日本，日本人觉得互联网只适合于军事应用，再次集体选择了放弃。在如今的互联网世界里，韩国和中国远远走在了日本的前面。

日本曾经是全球领先的游戏产业大国，曾独领风骚出品了无数款风靡全球游戏的日本游戏业，在网络游戏时代来临时却反应迟钝，坚守在以掌机、家用机为主的电子游戏市场。韩国近些年抓住机遇，在网游市场中独树一帜，不仅独霸本国市场，还在亚洲各国不断拓展市场。中国网络游戏厂商们也凭借着多年来艰苦卓绝的努力获得了一席之地。在人才储备、游戏策划、程序开发等方面实力强大的日本游戏厂商则逐步落伍，虽然后来为进军网络游戏做出过诸多的努力，无奈最后皆以失败告终。

三次战略决策失误使日本在全球的IT潮流中远远落后，现在日本的优势仍在工业制造，与处在知识经济时代的美国相比，它已经落后了一个层次。所有企业制定战略时都不能草率，都要对所处历史时期的特有经济规律深刻把握，对宏观环境和行业动态有透彻理解，对竞争对手和自身竞争能力有深入了解。如果战略错误，企业将遭遇重大挫折。

可见，确保企业的发展方向和资源投入是正确的，这是战略的重要责任。

## 实用指南

德鲁克认为，在制定战略规划的过程中，最重要的问题是："我们的企业是什么""我们的企业应该是什么"。战略规划强调的是责任——促进资源转化为成果的责任，认识到这一点，也就抓住了战略规划的关键所在。

悦读心得

德鲁克的这一思想对你有什么启示，请拿起笔，写下你的所感、所思、所得：

## 别用过时的前提条件作决策依据

### 管理精粹

管理者应经常问：作为决策依据的前提条件是否已经“过时”？

——《新现实》德鲁克

### ⊙精彩阐释

德鲁克说，企业要想赢得当前的市场，管理者就需要具有全新的思维框架。一个企业的建立，首先是思维模式的建立。企业家首先要明确企业存在的前提：企业的外部环境是什么？企业的使命是什么？企业的核心竞争力是什么？只有对这三个前提的准确把握和解答才能使企业的发展战略能够持久和有效地发挥作用。任何一种决策都必须从前提出发去认识，才能真正抓住问题的关键。

戴尔公司是当今世界电脑行业的翘楚，很多人认为，戴尔是依靠商业模式创新成功的。不错，戴尔的直销模式历来为管理界所看重，但为什么 IBM 和康柏都曾经模仿戴尔的直销模式，却失败了？事实上，戴尔成功背后的核心因素是它运用前提性思维构建了一整套的运营模式，这种运营模式精确地定位了企业战略和顾客需要，从而使任何竞争者也无法照搬和模仿。

我们知道，任何企业都必须给自己进行准确的定位，定位自己使企业明确了自己是什么？将成为什么？这实际思考的是企业存在的理由，而这恰恰是企业存在的前提。企业只有首先确定了自身的价值和意义，才能朝着这个方向前进和努力。戴尔公司正是通过建立自己的经营理论而准确地给自身进行了定位。

首先，对企业外部环境的假设。戴尔公司发现，计算机行业都是由制造厂商生产电脑以后，配售给经销商和零售商，由他们卖给企业和个人消费者。而这样显然使生产者无法获得足够利润，而且也无法完整地体现顾客的需要。据此，戴尔采取直销模式，果断地砍掉中间环节，既能提升自己的效益，也为顾客节省了费用。它们通过电话或互联网向客户进行直接销售，并根据顾客的要求定制电脑。这就使戴尔公司具有显而易见的竞争优势，通过客户定制，戴尔公司通常能以比零售价还低的价格向客户提供他们所需的计算机。

这种对企业外部环境的定位，使戴尔明确了企业的发展方向和发展模式，那就是不断地满足顾客的多样化需求并提供价格低廉的产品。

其次，对企业使命的假设：为顾客创造价值。戴尔认为，随着顾客力量变得愈加强大，企业为了提高竞争力，增强顾客的满意度和忠诚度，都树立了“以顾客为中心”的经营理念。这就决定了企业经营策略的确定必须从“由内到外”的思考方法转变为“由外而内”的思考方法。他们据此制定的企业使命，迎合了信息时代顾客的需要。因此，得到了顾客的认同和支持。戴尔从顾客的需要出发，充分体现了顾客是企业价值实现的评判者，不重视顾客的力量，必然被顾客力量所淹没。这种从最简单的前提出发的思维方法，恰恰是戴尔模式的重要经验。

再次，根据以上两点的设想，戴尔确定了企业实现使命所需的核心能力的设想。戴尔的核心竞争能力实际上并不是直销，而是不断地完善自己的供应链，通过建立直销模式来提升自己的核心竞争力。这种定位，使戴尔真正明确了自身的优势是什么。

正是因为戴尔对企业存在问题的深刻认识，因此在过去的十几年时间里，戴尔打破了全世界公司成长的纪录，从零进入到全球500强。毫无疑问，一个企业生产什么，怎么生产并不重要，重要的是凭什么要这样生产。

**实用指南**

一个具备前提性思维的企业家，时刻都会反思企业行动的依据，从而不断地认识自己，不断地提升自己。经营企业要顾及各种问题，要预想到各种困难，只有善于认识前提的领导者，才是真正卓有成效的管理者。

悦读心得

德鲁克的这一思想对你有什么启示，请拿起笔，写下你的所感、所思、所得：

## 为未来的变化做好准备

**管理精粹**

管理者所面临的问题不是企业明天应该做什么，而是“今天必须为未来做哪些准备工作”。

——《管理：任务、责任、实践》德鲁克

**⊙精彩阐释**

德鲁克说，未来的事务都是不可预料的。对于管理者而言，他们更重要的工作不是预测未来的变化，而是要把握住已经发生了的变化。握住“已经发生的未来”，并采用一套系统的策略来观察并分析这些变化。这才能在制定战略决策的时候看得更高更远，避免鼠目寸光。

苹果电脑公司诞生在一个旧车库里，它的创始人之一是乔布斯。苹果的成功，在于他们把电脑定位于个人电脑，普通人也可以操作。这具有划时代的意义。因为在此之前，电脑是普通人无缘摆弄的庞然大物，它不仅需要高深的专业知识，还得花上一大笔钱才能买到手。

乔布斯推出了供个人使用的电脑，这引起了电脑爱好者的广泛关注。更为重要的是，苹果公司还开发出了麦金塔软件，这也是软件业一个划时代的、革命性的突破，开创了在屏幕上以图案和符号呈现操作系统的先河，大大方便了电脑操作，使非专业人员也可以利用电脑为自己工作。苹果公司靠着这一系列的创新，诞生不久就一鸣惊人，市场占有率曾经一度超过 IT 业老大 IBM。

但是，在进入 20 世纪 90 年代以后，网络经济迅速发展，苹果公司未能抓住网络化这一契机，市场占有率急剧萎缩，财务状况日趋恶化，连续两年亏损。苹果公司想出了各种办法，但种种努力都没有产生太大的效果。

就在苹果公司上上下下愁眉苦脸之际，IT 界传出一个令人震惊的消息，微软总裁比尔·盖茨宣布，他将向自己的竞争对手——陷入困境的苹果电脑公司投入 1.5 亿美元的资金！此语一出，IT 界为之哗然。比尔·盖茨大发慈悲了吗？作为世界首富，比尔·盖茨在世界各地捐资。但这一回他不是捐资，更不是行善，他向苹果注入资金是出于商业目的。

因为比尔·盖茨知道，苹果作为曾经辉煌一时的电脑霸主，尽管元气大伤，但它的实力仍然非常强大。在这个时候，很多电脑公司包括微软的一些竞争对手如 IBM、网景等，都提出与苹果合作，以达到和微软竞争的目的。显然，如果微软不与苹果合作，对手的力量就会更强。

另外，美国《反垄断法》中有规定，如果某个企业的市场占有率超过规定标准，市场又无对应的制衡商品，那么这个企业就必须接受垄断调查。如果苹果公司垮了，微软公司推出的操作系统软件市场占有率就会达到 92%，必然会面临垄断调查，仅仅是诉讼费就将超过从苹果公司让出的市场中赚取的利润。

而这时和苹果合作，则可以把苹果拉到自己这一边。苹果和

微软的操作软件相加，就基本上占领了整个计算机市场，微软和苹果的软件标准就成了事实上的行业标准，其他竞争对手也就只好跟着走了。当然，微软实力比苹果强大，微软不会在合作中受制于苹果。

如果比尔·盖茨只看到了苹果公司衰落对于微软的近期利益，而没有看到苹果的倒闭在未来对于微软的一系列可怕的不利影响，那微软公司必然遭受“城门失火，殃及鱼池”的麻烦。对于未来危机熟视无睹是一个企业衰败的前兆，很多颇富远见的管理者在这方面都是非常重视的。

**实用指南**

德鲁克说，如果企业不为未来做准备，就要为出局做准备。管理者作决策时如果仅仅是为了眼前利益或一时之局，而对未来发展缺少必要的考虑，企业将付出昂贵的代价，轻则发展迟缓，重则面临倒闭风险。因此，管理者一定要注意决策的前瞻性，在今天与未来之间搭好过桥，避免到时措手不及。

悦读心得

德鲁克的这一思想对你有什么启示，请拿起笔，写下你的所感、所思、所得：

## 善用创新创造未来

**管理精粹**

创造未来的真正含义是创造一个不同的事业。

——《成果管理》德鲁克

**⊙精彩阐释**

创造未来的真正含义是创造一个不同的事业。在德鲁克眼里，这个事业的创造是指将一个包含不同经济实体、技术及社会的构想加以具体化。对于企业而言，市场环境千变万化，要想持续赢得市场，就应当不断关注任何一个可能拥有潜在市场的创意，善用创新打开新市场，找到新的业务增长点。

1993 年，郭士纳临危受命担任 IBM 首席执行官。当时的 IBM 亏损严重。1994 年，郭士纳应邀在华尔街进行公开演讲，他利用这个机会向听众展示了 IBM 未来的网络化战略构想，并强调 IBM 要在“以网络为中心的世界”中充当领袖。一年之后，郭士纳将 IBM 的战略总结为“电子商务”。当时，能够对这一战略概念充分理解的人少之又少，很多人一度搞不懂郭士纳葫芦里卖的是什么药。

电子商务战略使 IBM 从单一的计算机硬件提供商转变为 IT 服务商。电子商务战略的核心是，为客户提供包含软硬件在内的信息架构构建服务和企业流程改造服务。它向客户传递的价值内涵是，企业能够在 IBM 提供的 IT 服务的帮助下，更加充分地利用计算机和网络，更方便而有效率地从事商业活动。这个战略的确立，犹如一把手术刀，切掉附在 IBM 身上的毒瘤，创造了奇迹。1996 年，IBM 历经 1991 到 1993 年高达 80 亿美元的亏损后，奇迹般地实现了 770 亿美元的营业收入和 60 亿美元的利润。

2002 年初，彭明盛出任 IBM 的首席执行官。当时的商业背景不容乐观，互联网泡沫破碎，IT 神话破灭，网络走下神坛，众多计算机生产商、网络服务供应商、各大网站开始对互联网行业的发展模式和价值体现方式进行了新的思考和探索。在很多人还没想明白应对未来的举措之时，IBM 又适时地推出了新的战略——电子商务随需应变。这个战略的重点是“随需应变”。这四个字揭示了 IBM 公司 IT 服务方式的转型和提升，它剥离出个人电脑业务，同时开始收购普华永道和无数软件公司，力求通过打包齐全的软件产品，向客户提供从战略咨询到解决方案的一体化服务。

这个战略的价值在 2008 年爆发的全球金融危机中得到了最为

充分的体现。IBM的季报显示，IBM在2008年第四季度净利润同比增长12%。在大部分公司都受到经济危机冲击时，IBM利润增长仍超过预期，绝对算得上一个奇迹。

由此可见，伟大的公司都是善于创新的公司。

**实用指南**

德鲁克说，在寻找未来的过程中，一个企业所认定的与众不同之处，就是这个企业赖以生存和奠定其独特地位的法宝。创造未来的真正含义是创造一个不同的事业。而创新是创造新事业的唯一途径。因此，企业管理者应该不断拓宽思路，不拘泥于以往经验和成就，以想人之所未想，为人之所不能为，出其不意，以新制胜，为企业的发展找到一个潜力无穷的新市场。

悦读心得

德鲁克的这一思想对你有什么启示，请拿起笔，写下你的所感、所思、所得：

## 最有价值的战略信息往往来自于顾客

**管理精粹**

顾客是企业生存和发展的基础，失去了顾客，企业就失去了生存的条件。

——《管理的使命》德鲁克

**⊙精彩阐释**

德鲁克认为，一个企业本身打算生产些什么样的产品并不具有十分重要的意义——特别是对企业的未来发展和企业的成功来讲，生产的产品是什么并不能起到关键作用。德鲁克指出，顾客想要买的是什么，他们认为有价值的是什么，什么就是具有决定性意义的——这一切决定着什么是一个企业的销售目标，它应该生产些什么，它是否会兴盛起来。所谓的顾客是上帝说的就是这个道理。

史玉柱是中国最为传奇的企业家之一。因为创办巨人公司，他曾成为中国大陆富豪榜第八名。又因为贸然修建巨人大厦，个人负债 2.5 亿元，成为中国最著名的失败者。2004 年，崛起之后的史玉柱开始成立征途公司，运作《征途》游戏。到了 2006 年，月利润直逼亿元大关。

史玉柱的成功来自于他对顾客的精准把握。专注地研究顾客，是他与其他企业家之间最大的差异。“规模稍大的企业家，往往今天邀这个政府官员吃饭，明天请那个银行行长打球，他们 70% 的时间属于‘不务正业’。我从不琢磨领导们各有什么爱好，只一心一意研究消费者，这为我节约了很多时间。”

史玉柱关注的更多的是顾客的每一个细微感受。他认为，网络游戏这个行业太年轻，太浮躁，对玩家迷恋什么，讨厌什么，一无所知。他说：“每个人需求都是不一样的。你不能花钱请调查公司去调查，不能拿着一张表在路上拦着人家去打钩，只能去跟他聊天，拉家常。”

为了摸清消费者的实际需求，他先后和 600 名玩家进行过深入交流，根据玩家的需求设计和增加相应的功能，甚至不惜把行业内陈旧的条条框框一脚踢翻。

例如，原来所有的游戏中，玩家要升级就必须打怪，既枯燥又累人，让玩家叫苦不迭，更有甚者在宁波有一个人就是在“打怪”时猝死在了网吧。为此，他设计了只要按个键电脑就能自动打怪的装置，即使把电脑关了，它还能自己打。这个变化受到了广大玩家的欢迎。

由于揣摩透了玩家的心理，史玉柱可以非常自信地说："我敢说《征途》是所有游戏中最好玩的，没有哪个玩家说不好玩。"

史玉柱对顾客的分析极其到位。他从一开始就把玩家定位为两类人，一类是有钱人，他们为了得到一件在江湖上有面子的装备根本不在意价格是否成千还是上万；另一类是没有钱但是有时间的人，如果不用买卡就能打游戏的话他们没有理由不往《征途》里钻。

根据对各类消费者的需求分析，史玉柱使出为玩家发工资的绝招，"让没钱的人免费玩，让有钱人开心玩，赚有钱人的钱"，甚至可以"养100个人陪1个人玩"。这种免费模式的发展直接刺激了我国网络游戏产业的发展，市场规模增长率以超过70%的速度飞速发展，史玉柱也因此获得了至少400亿元的收入。

另外，在进入网络游戏行业之后，商业嗅觉灵敏的史玉柱很快就发现，其实不被这个行业重视的中小城市和农村市场更有发展潜力，那里的消费者并非想象中的那么穷，于是他在其他人还没有反应过来之前，极其迅速地在全国所有的中小城市和1800个县建起了办事处，并很快建立了绝对的市场优势。

从案例中可以看出，市场不是由上帝、大自然或各种经济力量所创造的，而是由顾客创造的。

## 实用指南

顾客是一个企业的基础并使它能继续存在。正是为了满足顾客的要求和需要，社会才把物质生产资源托付给企业。顾客决定了企业的性质和企业生产什么样的产品，企业的战略制定也应该来自顾客的需求。只有以满足顾客的需要为导向；以占领市场为导向；以不断地创新、不断地发现顾客的需求为导向，企业才能更好地生存和发展。

悦读心得

德鲁克的这一思想对你有什么启示，请拿起笔，写下你的所感、所思、所得：

## 成功的战略要保持忧患意识

**管理精粹**

如果不着眼于未来，最强有力的公司也会遇到麻烦。

——《生态愿景》德鲁克

### ⊙精彩阐释

德鲁克指出，明天终归要来，并且一定与今天不同。到那个时候，即使是最强大的公司，如果没有为迎接未来做好充分的准备，也一定会陷入巨大的麻烦之中，甚至可能会丧失自己的个性和领导地位，遗留下来的不过是维护大公司运转的高昂开支。对于正在发生的一切，它无法控制也无法理解。

管理者的超前忧患意识，在当今市场条件下尤为可贵。我们从众多的企业盛极而衰的变迁中可以看出，企业最好的时候，可能就是走下坡路的开始；产品最畅销的时候，往往也是滞销的开端。

美国百事可乐公司是国际著名的大企业，但就是在公司事业如日中天的时候，总经理韦瑟鲁普却开始担心汽水市场将会走下坡路，同业之间的竞争也会变得更加激烈。

如何来激发员工的工作积极性，使百事公司的员工们相信，如果他们不拆散这部金钱机器，并重新把它建立起来，百事公司就有可能走向衰亡呢？于是，韦瑟鲁普制造了一场危机。

韦瑟鲁普和销售部经理重新设计了工作方法，重新规定了工

作任务，要求年收入增长率必须达到15%，否则企业就会失败，百事可乐公司也将不复存在。

这一要求可能有些危言耸听，但也在一定程度上反映了市场竞争的激烈程度及由此可能会产生的后果。最终，韦瑟鲁普完成其在职业生涯中一次最艰巨的行动，即被他称为“末日管理”的战略。

百事可乐公司的“末日管理”法，充分运用了各类资产，使公司的现有设备得到了最大限度的利用，减少了资金的占用，使得资产的循环周转顺畅起来，一些日常管理的节奏也快速起来，公司的经济效益不断地获得提高，事业也蒸蒸日上。

末日管理的核心是“企业最好的时候往往是下坡路的开始”。要求管理者要有忧患意识，要居安思危、居盈思亏、居胜思败。其目的就是为了预防危机的到来。海尔总裁张瑞敏曾说过：“没有危机感，其实就有了危机；有了危机感，才能没有危机；在危机感中生存，反而避免了危机。”

**实用指南**

德鲁克说，由于企业未能着眼于未来，在变革发生时就不得不承受被新情况搞得措手不及这一巨大风险。这种风险是任何大企业都承受不起而任何小企业都不需要冒的风险。因此，企业管理者有责任以未来的眼光关注企业的战略，从忧患意识上强化战略的预见性和未来性，将危机消灭在萌芽状态。

悦读心得

德鲁克的这一思想对你有什么启示，请拿起笔，写下你的所感、所思、所得：

# 第二章　不能为未来做准备，就在为自己掘坟墓

## 精准把握未来的市场需求

**管理精粹**

修补常态往往是毫无价值的，因为常态只是昨日的现实。

——《成果管理》德鲁克

### ⊙精彩阐释

德鲁克说，在做出决策或者行动时，这些决策或者行动就已经开始变旧。优秀公司能够长久领先的根本原因就在于它们总是在市场发展的任何拐点处发现市场的潜力和机遇，从而在企业内部迅速集结各项资源为迎合未来的需求进行产品开发，及早进入潜力市场，从而赢得市场开发的主动权。

海信就是一个善于把握未来需求的企业。2005 年 7 月 2 日，当装有“信芯”的彩电在青岛海信集团出产时，中国彩电产业掀开了一个新的篇章。这个引人注目的成就的背后蕴涵着海信人 1600 个日日夜夜的辛苦探索，以及 3000 万元的资金投入。

海信为什么要花如此大的力气来打造这颗“中国心”呢？

在 2005 年之前，海信彩电的年产能已达 800 万台。每年制订生产计划时，原材料“集成电路”的采购量都是一笔庞大的支出——这笔支出全部是给国外企业的，因为没有别的办法，海信

自己没有芯片，中国企业都没有芯片。

而根据公开的数据，截至2004年底，我国境内共有彩电企业68家，实际年产量达7328.8万台，中国已经成为世界上最大的电视生产国了。然而，这7000多万台电视机中所使用的核心视频处理芯片均为进口。

据商务部统计，仅2004年上半年我国芯片进口价值就高达262亿美元。2003年，我国芯片进口累计416.7亿美元，贸易逆差340亿美元，超过当年全国进出口255亿美元的贸易顺差值。芯片已超过飞机成为美国对华第一大出口商品。

因此，无论是从自身考虑，还是从中国市场考虑，一颗小小的芯片不仅仅让自己不再受制于人，更能够带来巨大的经济效益。为了拓展海信的发展之路，海信集团董事长周厚健意识到必须打造一颗属于中国人的彩电之“心”。

为此，海信在2000年设立了“专用集成电路设计所”。历经4年自主研发，终于在2005年2月制造出了可以完全替代国际同类产品的芯片，并达到了国际先进技术水平。装备了“信芯”的数万台海信电视已经上市。海信用自主创新为自己发掘了一个极具潜力的市场，并已经开始迅速获取利润。

由此可见，优秀的管理者不会把眼光停留在昨天，和已经发生的事实上，他们会更多关注预示未来变化的细节，以便把握企业发展。只要我们认真观察企业的明天，就会发现其实在企业的周围到处都有赢得成功更大的商机。

### 实用指南

哲学家奥里欧斯说过这样一句话：“我们的生活是由我们的思想造成的。”思想上的超前，必然带来行动上的超前，个人发展如此，企业发展更是如此。在市场竞争激烈的今天，每一名企业管理者都应该有超前的战略意识，具备博学善思的素质。要想走在市场变化的前面，就必须提前了解、研究客户和消费者的潜在需求，通过不断挖掘市场潜力，拓宽产品的市场份额来获得更大的利润空间，这样才能战胜对手，在市场竞争中取得优势。

悦读心得

德鲁克的这一思想对你有什么启示，请拿起笔，写下你的所感、所思、所得：

## 在今天就开始把握未来

**管理精粹**

不能等到未来到来后才去把握，未来需要在今天就开始把握。

——《成果管理》德鲁克

### ⊙精彩阐释

德鲁克认为，未来大多是由那些与当前任务有关的决策和行动所开创的。如何以当前决策和行动开创未来，这需要企业在面对企业发展方向问题上懂得如何把握未来需求。

作为全球最大的电子商务网站之一，易趣的发展使人们深刻地认识到把握未来需求的意义。在1990年的美国，互联网成为新宠，很多人一觉醒来被其2300%的发展速度所吓倒。皮埃尔·欧米迪亚觉得，互联网一定会主导未来，目前的交易形式一定会移植到互联网上去，当前面对面的交易在将来肯定会在互联网提供的虚拟平台上进行。于是他在1995年创办了易趣。

一开始他对这个网站并没有财富幻想，他只是把它看作是一个实验场，通过让网上市场中买家和卖家拥有同等的信息，看看能不

能获得高效率的交易。但是他很快就发现了易趣诞生的重大意义，它推翻了以往那种规模较小的跳蚤市场，将买家与卖家拉在一起，创造一个永不休息的市场。

在易趣平台上第一件贩卖的物品是一只坏掉的镭射指示器，以 14.83 元成交。欧米迪亚惊讶地询问购买者：“您难道不知道这玩意坏了吗？”购买者对他的回答是：“我是个专门收集坏掉的镭射指示器玩家。”欧米迪亚从这个事情中嗅到了一个讯息：在这个世界的任何角落中都隐藏有准备购买东西的人，同样也有准备出售东西的人，由于信息不对称，他们之间不能建立成交关系，他们需要一个平台，突破地域的限制，能够使信息及时地传递给愿意接受信息的人，这个平台就是易趣。

在易趣上，每天都有数以百万的物品被刊登、贩售、卖出。在这些物品中，有的价值不菲，有的不值一提；有的是刚出厂的新玩意，有的沾满灰尘；有的是庞然大物，有的就是针尖。从 1 美分的小物件到 500 万美元的喷气式飞机，只要不违背法律，任何人在易趣平台上可以出售任何物品，同样任何人都可以在这个平台上购买任何东西。

现在的易趣已经有 75 万人靠它谋生，每秒钟可以售出一辆汽车。欧米迪亚也因为易趣的火爆而成为财富新贵，当易趣在 1998 年上市时，他几乎就在一夜之间成为全球最富有的人之一，连他自己都觉得自己一下子富得有些离谱。

从欧米迪亚身上看出，一个能够在今天就开始把握未来需求的管理者，最终一定能带领企业成为市场的大赢家。德鲁克认为，面向未来的管理，就是要管理者走出企业的狭小空间，始终把眼光向外，站在外部的世界，审视企业的发展走向，而不是立足企业内部，坐井观天，那将永远也不能获得对未来的真正认识，更不能有效地提高个人效能和企业的整体绩效。

**实用指南**

德鲁克说，管理者必须在今天就接受创造未来的责任，愿不愿意攻克这一任务，成为管理者是否优秀的分水岭。

悦读心得

德鲁克的这一思想对你有什么启示，请拿起笔，写下你的所感、所思、所得：

## 将行动立足于现有资源及条件

**管理精粹**

在开始谈论未来之前，我们必须了解目前状况。因为凡事都需要从现实出发。

——《工业人的未来——保守的探讨》德鲁克

**⊙精彩阐释**

德鲁克认为，企业的利润来源于市场，市场是企业产生利润的源泉。由此可以联想到，凡事都需要从现实出发，对企业而言，无论是创新产品，或者管理制度改革，都要依据市场的现实需要而进行。

在20世纪中叶之前，汽车业所遵循的是"福特式"生产管理。这一模式，可以实现规模生产效应，可以最大限度地降低单位成本。比如，在同样的固定费用支出下，每小时生产10辆汽车的成本，显然要低于每小时生产1辆汽车的成本。当然，这一模式有一个前提，那就是企业处于生产导向经营阶段，生产出来的产品都能卖出去，如果卖不出去，生产越快，损失就越大。

随着市场需求的多样化和消费者追求个性的意识日渐强烈，生产导向开始向市场导向过渡，大规模大批量的“福特式”生产，日益暴露出其缺陷。比如，制造过程中物流配置不合理，强大的生产能力与市场需求的矛盾十分突出，不开机则罢，开机则是大量产出，产品积压接踵而至。

面对这种情况，很多人都在分析福特式生产的缺陷，包括通用汽车等汽车厂商。

通用汽车公司首创了市场细分，以市场需求为导向，生产出更多品种和款式的汽车，以满足不同消费者的需求。

凡事都要从现实出发，还要求企业无论做何种决策或行动，都要立足于现有资源和条件的基础之上。企业的资源包括几个方面：物质资源、技术资源、管理制度的配备以及人力资源。物质和技术是实行生产的客观条件，管理制度决定了企业的软实力和软环境，人力资源是企业开展一切活动的动力。只有具备了这些条件，企业的一切市场行为才能顺利进行。

**实用指南**

德鲁克认为，管理者要一手抓内一手抓外，两手平衡，并相得益彰。对外，通过对市场现实的客观评判，使企业能够和市场进行无缝对接，达到有机融合，使企业的服务或产品既能满足市场的需要，同时企业还能够从市场上源源不断地获益。对内，通过对各项资源的精准掌握，能够确保企业的决策和行动既不冒进，也不胆怯，能够时时保证企业资源利用最大化，企业收益最大化，从而保持企业的平稳发展。

悦读心得

德鲁克的这一思想对你有什么启示，请拿起笔，写下你的所感、所思、所得：

## 没有任何一个判断是稳操胜券的

**管理精粹**

没有任何一个判断是稳操胜券的，在所有关于未来的判断中，一定会失败的就是那些“十拿九稳”、“零风险”等“绝对安全”的概念。

——《成果管理》德鲁克

### ⊙精彩阐释

德鲁克认为，对未来的把握充满风险，未来是不可判断的，任何自认为有预见性的行动都可能是错误的，甚至会产生难以承受的风险。因此要想取得对未来的成功，就必须做好失败的准备。失败是对追求者获得成功之前的考验，也是促进快速成功的必备经验。

微软就是一家不断鼓励员工进行创新并允许员工失败的企业。微软公司愿意聘用那些曾经犯过错误而又能吸取经验教训的人。前任微软公司的执行副总裁迈克尔·迈普斯说：“我们寻找那些能够从错误中学会某些东西、主动适应的人。”在录用过程中，我们总是问应聘者：“你遇到过的最大失败是什么？你从中学到了什么？”

格里格·曼蒂与别人一起在1982年共同创立了爱林特计算机系统公司。10年后，公司由于入不敷出而倒闭。而微软在1992年12月聘用了曼蒂，任命他为部门主管，负责筹划如何把新技术用来制造消费产品。微软公司从曼蒂身上发现的不仅是他的技术和管理经验，而且发现他是一个敢用远见打赌的人——即使这种远见付诸东流。微软的人会告诉你：用远见打赌是公司存

在的全部。许多远见最终以失败告终，但这并不重要，重要的是他们曾尝试过。

在寻求有远见的冒险者时，微软公司喜欢找寻那些成功地处理过失败和错误的人。一位高层管理人员说："公司接受了很多内部的失败。你不能让员工觉得如果做不成，他们就可能被解雇。如果那样，没有人愿意承担这些工作。"在微软公司，最好是去尝试，即使失败，也比什么都不做好得多。

在微软的亚洲研究院，管理层更是鼓励员工创新。张宏江博士说："我们是研究院，不是新产品开发部或公司的先进技术开发组。我们常说，如果你做 10 个研究，10 个都成功了的话，那就是失败了——因为你没有创意。研究院是对未来的投资，一个对自己未来有信心的公司应当允许他的研究人员理想主义。"

张宏江还指出，研究院可能更看重自己在相关领域上对学术研究的推动而并非功利地以产品为中心："我们发表 10 篇论文，可能其中只有 1 篇最终会转化为微软的产品，但其他 9 篇使这个领域的研究大大前进了一步，可能影响到未来的几十年，这是我们看重的。"

## 实用指南

为什么不能万无一失？德鲁克认为，在所谓的开创过程中，企业很难清楚地知道自己该怎么做，他们既没有方法，也没有可以遵循的促进成功的法则和经验。不要认为万无一失，相反，要认识到正在开创未来的成功几率可能是万分之一。有这样的心理准备，企业在开创未来的道路上才能更从容一些。

悦读心得

德鲁克的这一思想对你有什么启示，请拿起笔，写下你的所感、所思、所得：

## 做好手头工作比空想未来更重要

**管理精粹**

预测未来是自找苦吃，打理好手头上最有前途的事情，比什么都重要。

——《动荡时代管理策略》德鲁克

### ⊙精彩阐释

德鲁克认为，要想打理好手头最有前途的事，最好的方法就是为企业制定好合适的短期目标。这种目标既是立足于企业目前所具有的资源，又能超越企业目前所取得的成就，指引着企业有一个恢宏的前景。

已故网球名将亚瑟·艾伦就是一个善于制订短期目标的人。艾伦一生都坚持这样一个理念："每次你订立一个目标，然后完成那个目标，就是一种不断增强自信的过程。"他经常为自己制订短期目标，一旦达成那个目标，他就再订一个新的目标。

艾伦就是运用这种订立目标的方法，登上了网球王座。他说："我早年的几位教练常订下清楚明确的目标，正是我愿意遵循的。这些目标不见得一定要像赢得巡回赛这么重大，而是将一些有待克服的困难、近期内需要努力的方面定为目标，如果这些目标一个个地实现了，我们距离自己的最终目标就会越来越近。并不是只有赢得巡回赛才可以作为目标。往往一些小目标渐渐一个个地达成后，我自己都会意外地发现'嘿！我距离得大奖已经越来越近了。'"

艾伦一直以这种方式参加高难度的比赛。他说："参加巡回赛，你总想能进入复赛。比赛时，你总希望漏接的反手球不超过某个数字。或者是你必须锻炼体力到一定的程度，气候太热时，你才

不至于很快就感到疲倦。这一类的小目标，可以帮助你将注意力由成为世界第一或赢得巡回赛这类的远大目标上，分解为几个较易达成的小目标。”

美国通用公司的前任董事长罗杰·史密斯也是这样的人。

在进入通用之初，他只是一个名不见经传的财务人员。罗杰初次去通用公司应聘时，只有一个职位空缺，而招聘人员告诉他，工作很艰苦，对一个新人会相当困难。他信心十足地对接见他的人说：“工作再棘手我也能胜任，不信我干给你们看……”

在进入通用工作的第一个月后，罗杰就告诉他的同事：“我想我将成为通用公司的董事长。”当时他的上司对这句话不以为然，甚至嘲笑他自不量力，逢人便说：“我的一个下属对我说他将成为通用公司的董事长。”像艾伦一样，罗杰将自己的目标逐步分解为一个个可以实现的短期目标，然后努力地逐一实现它。令他的上司没想到的是，若干年后，罗杰·史密斯真的成了世界上最大的“商业帝国”通用公司的董事长。

由此可见，一个人只有具备务实的心态，做事脚踏实地，才能找到自我发展的平衡点和支撑点，才能在看似平凡的岗位上取得不平凡的成就。

**实用指南**

制订科学的短期目标，不仅能够使企业时刻保持有目标感，还能使企业在目标的不断实现中收获信心和做出实现更大成就的准备。

悦读心得

德鲁克的这一思想对你有什么启示，请拿起笔，写下你的所感、所思、所得：

## 尝试做一件能改变世界的事情

**管理精粹**

我多次听到诺贝尔奖得主说："我从事这项研究并获得如此殊荣，都是源自于当初导师对我随意说的一句话——你为什么不去做一件能让世界发生改变的事情呢？"

——《非连续时代——转型社会守则》德鲁克

### ⊙精彩阐释

德鲁克认为，要想做出改变世界的事情，就需要企业管理者具有常人所不具备的胆识。孙子说："见胜不过众人之所知，非善之善者也。"意思是说："预见胜利不能超过平常人的见识，算不上最高明。"言外之意，真正的成功是要想获得别人意想不到的胜利。这不仅需要管理者要出其不意，更要有勇气。

1997 年李书福开始造汽车的时候，中国的汽车市场已经被大众、通用、标致这样的跨国巨头蚕食得一片狼藉，根本没有国产自主品牌的立足之地。早在 1991 年 11 月 25 日，中国硕果仅存的国产轿车——"上海"牌轿车宣告停产。在此之前，国人曾经引以为傲的红旗轿车也已经停产。

财大气粗的跨国公司各自带着自己的合作者，对中国迅速成长起来的汽车市场指点江山，细分着这个市场。以车型、价格和区域来分割市场的利润，并且在满足中国消费者交通需求的同时，通过合资造车、销售汽车、收取品牌费和设计费的形式来取得巨额利润。

李书福不甘心中国汽车市场被外资企业蚕食。1997 年，李书福不顾亲友反对，决意投资 5 亿元资金进军汽车行业，并抛出一

句“汽车不过就是四个轮子加沙发”的“疯话”，他无疑让跨国巨头们贻笑大方。而在1996年的时候，李书福改装两辆奔驰造车的故事在当地更是引起轰动，甚至有人去问他这两台改装车的价格。

李书福不止一次地对《第一财经日报》表示，他要打造一家百年汽车公司，要让吉利的车走遍全世界，而不是让外国车走遍全中国。为了实现他的造车梦，他还曾到国家各部门游说，当某官员告诉他“民营企业干汽车无异于自杀”时，他说，“那你就给我一次跳楼的机会吧”，由此可见他对自己梦想的执着。

经过十余年的发展，李书福领导的吉利集团连续六年进入中国企业500强，连续四年进入中国汽车行业十强，被评为首批国家“创新型企业”和首批“国家汽车整车出口基地企业”，是“中国汽车工业50年发展速度最快、成长最好”的企业。公司资产总值超过140亿元。

由此可见，成功的高度取决于目标的高度，而目标的制订取决于企业家的胆识。

**实用指南**

德鲁克认为，具有卓越的胆识，这是作为一个企业家应该具备的基本素质之一，也是企业家获得非凡成就的基础和条件。事业的发展靠的就是胆识。没有胆识，事业就会停滞不前。胆识不仅决定了目标的高度，也决定着成就的高度。

悦读心得

德鲁克的这一思想对你有什么启示，请拿起笔，写下你的所感、所思、所得：

## 真正的成就来自于立即行动

**管理精粹**

我们或许无法获得真正想获得的成就。但如果我们现在立即去做，产品或服务总会找到顾客，也能够赚钱并满足我们的一些期望。

——《成果管理》德鲁克

### ⊙精彩阐释

通常，每一个企业在确定好战略目标之后，必然面临一个执行力的问题。如果企业有明确、具体的目标，结果却是“没有完成任务”“没有达到目标”，为什么？假如企业的战略规划没有太大的问题，那么问题又出在哪里呢？答案很简单：没有强大的执行力。因此，执行力的高低是企业铸就高效的前提和保障。子曰：“敏于事而慎于言。”对企业而言，与其空想未来，不如把目前的想法付诸行动。

行动的快慢决定了企业组织在达成目标、实现经济利益或者在与对手的竞争中是取得胜利或是失败。

在中国家电企业中，海尔的发展速度是最快的，但与国际大公司相比，张瑞敏承认海尔还存在一定的差距。张瑞敏说：“与国际大公司相比，海尔在实力上还有一段距离。但是，海尔产品在美国、欧洲市场上升很快，虽然我们有很多地方不如国际大公司，但是我们是依靠速度去竞争，去取胜的。”

以速度求胜是海尔人的共识，在海尔到处可见的一条标语给人印象深刻——“迅速反应，马上行动”。这是海尔要求每一位员工必须具备的工作作风。海尔的员工们都说，这八个字体现了海

尔的市场观和服务观，也浓缩了海尔企业文化的力量。海尔人正是靠着高速度、高效率来赢得客户和市场的。

其实，不只在海尔，很多企业管理者都会有这样的共识，凡是发展快且发展好的世界级公司，都是执行力强的公司。盖茨曾坦言："微软在未来10年内，所面临的挑战就是执行力。"IBM前董事长兼首席执行官郭士纳也认为：一个成功的公司管理者应该具备三个基本特征，即明确的业务核心、卓越的执行力及优秀的领导能力。

**实用指南**

德鲁克认为，对工作专注、用心以及坚持"速度第一"的原则，你一定能有效提高自己的执行力。

首先，对工作专注、用心是做好任何事情的前提条件，在执行工作任务时，先把心思集中到如何快速、高效完成任务的思考上来。其次，执行力高低的一个衡量尺度是快速行动，因为速度现在已经成为决定成败的关键因素。当然快与慢是辩证的，因为快速执行并不是要求你为了达到目标而不计后果，并不是允许任何人为了抢速度而降低工作的质量标准。迅捷源自能力，简洁来自渊博。员工的快速执行首先要建立在强大的思维能力基础之上。杰出的员工能够不断探寻业务模式和事物的因果关系，能够尝试从新的角度看问题。

悦读心得

德鲁克的这一思想对你有什么启示，请拿起笔，写下你的所感、所思、所得：

## 主动承担开创未来的责任

**管理精粹**

管理者要不想做一个平庸的管理者，就应该承担开创未来的责任。

——《成果管理》德鲁克

### ⊙精彩阐释

德鲁克认为，即便开拓未来具有很大的风险，但与墨守成规相比，这种风险依然小得多——墨守成规会使企业很快走上死亡的道路，而开拓未来会为企业赢得机会。

1993年2月，李健熙到美国洛杉矶考察，目睹了三星的产品在国外的境遇。他去了很多电子卖场和大百货商店，看到三星的电子产品都被放在不起眼的角落，因无人问津而落满灰尘。而索尼的产品位置摆得却很显眼，买的人也多。李健熙当场就买了几个样品，回来后拆开发现，三星产品的零件比别人的多，价格却便宜20%。这就意味着三星的成本比竞争对手高，却卖不出好价钱。

国际市场把三星产品视为二流货，无疑给三星领导层以强烈的刺激。当时身为会长的李健熙扪心自问："我们离21世纪只有7年的时间了，世纪之交世界将会发生多少变革？走向21世纪的三星将如何立足于世界？"

美国之行结束后，李健熙随即决定，在三星进行一次天翻地覆的变革。他一气呵成写出《三星新经营》一书，作为企业未来发展的行动指南。他在该书的开篇提出"变化先从我做起"的口号，并作为三星的企业哲学和奋斗精神。号召公司以人才和技术为基础，创造最佳产品和服务，为人类社会做出贡献，积极投身于消费者中

间，认识并且迎接来自全球的挑战，为全人类创造更加美好的未来。

要实现美好的设想，必须脚踏实地从一点一滴做起。哪里才是突破口呢？李健熙一针见血地指出：在全球一体化时代，品质就是企业竞争力的准绳，直接关系到企业的生死存亡。“三万个人搞生产，六千个人搞售后服务，这样的企业拿什么和人家竞争？由品质问题找出原因，想办法解决，要让我们的产品达到一流水准。哪怕把生产线停下来，哪怕会影响我们的市场份额。”

为此，他在“新”经营理念中，特别强调以质量管理和力求变革为核心，彻底改变当时盛行的“以数量为中心”的思想。李健熙先后同三星一千八百多名中高层人员一起召开会议，并于1993年6月7日在德国法兰克福提出了“新经营”宣言，以破釜沉舟的气势吹响了“新经营”的号角。

“新经营”使三星步入了品质取胜的良性发展轨道，创造出了三星崭新的企业文化。1997年的亚洲金融危机，使得大宇、起亚等不少当年与三星齐名的大企业先后倒下，然而身强体健的三星却挺了过来，并在国际市场上脱颖而出。时至今日，三星品牌已经成为世界上最具影响力的品牌之一。

由此可见，引领企业赢得未来，是管理者最为重要的责任之一。

## 实用指南

在德鲁克看来，开拓未来是管理者义不容辞的责任，也是管理者从优秀走向卓越必经的一堂课。在市场经济飞速发展的今天，很多管理者都有这样的体验：变化是唯一不变的真理。只有企业跟随市场的变化而变化，才能使自身具有竞争力。

悦读心得

德鲁克的这一思想对你有什么启示，请拿起笔，写下你的所感、

所思、所得：

## 通过塑造新观念让未来成真

**管理精粹**

想要了解未来，第一步是先要了解两种不同但存在互补关系的方法：找出经济及社会出现断层及全面造成影响的时间差，并善于利用这种时间差——这被称为为已经发生的未来做准备；另外还有一种方法是对一个尚未出现的未来提出新的认识，并据此引导和塑造未来。

——《成果管理》德鲁克

### ⊙精彩阐释

德鲁克说，一般管理者往往缺乏勇气将资源义无反顾地投入到对未来的认识中。在德鲁克眼里，优秀的管理者不仅善于了解未来和对未来提出新知，还善于做好充分的准备进行行动，让未来成真。

第二次世界大战期间，具有决定性意义的诺曼底登陆是非常成功的。为什么那么成功呢？原来美英联军在登陆之前做了充分的准备。他们演练了很多次，他们不断演练登陆的方向、地点、时间以及一切登陆需要做的事情。真正登陆的时候，他们已经胜券在握，登陆的时间与计划的时间只相差几秒钟，这就是准备的力量。

阿尔伯特·哈伯德经过积极的努力，成立了自己的出版社——罗依科罗斯特出版社。但他并没有就此满足，他敏锐地观察到，他所在的纽约州东奥罗拉已经渐渐成为人们度假旅游的最佳选择之一，但这里的旅馆业却非常不发达。

这是一个很好的商机，阿尔伯特没有放过这个机会。他抽出时间亲自在市中心做了两个月的调查，了解市场的行情，考察周围的环境和交通。他甚至亲自入住一家经营得非常出色的当地旅馆，去研究其经营的独到之处。

后来，他成功地从别人手中接手了一家旅馆，并对其进行了彻底的改造和装潢。在旅馆装修时，他根据自己的调查，接触了许多游客。他了解到游客的喜好、收入水平、消费观念，更注意到这些游客正是因为对于繁忙工作的厌倦，才在假期来这里放松的，他们需要更简单的生活。

因此，他让工人制作了一种简单的直线形家具。这个创意一经推出，很快受到人们的关注，游客非常喜欢这种家具。他再一次抓住了这个机遇，一个家具制造厂诞生了。

准备是执行力的前提，是工作效率的基础。阿尔伯特的成功虽然得益于他精明的判断和独到的眼光，但这与他事前积极充分的准备也是分不开的，因此他才能够在面临机遇时果断出击。可以说正是这种准备意识成就了他事业的辉煌。事实证明，准备工作做得越充分的人，执行成功的可能性就越大。

**实用指南**

德鲁克认为，管理者应该时常自问：我们只是谈谈而已吗？我们是不是该有所作为，从而让我们的认知得以实现？没有随随便便就能做好的事情，只有态度认真，仔细思考，周密准备，才能有可能把事情做好。

悦读心得

德鲁克的这一思想对你有什么启示，请拿起笔，写下你的所感、所思、所得：

# 第三章　决策者要站得足够“高”和“低”

## 有效决策的第一步：为什么会有不同意见

**管理精粹**

卓有成效的管理者在进行决策时，首要的问题是：为什么大家会有不同的意见。

——《卓有成效的管理者》德鲁克

**⊙精彩阐释**

德鲁克认为，为了防止和避免决策失误，必须对备选方案加以全面分析和评价。备选方案的分析、评价应当是全方位的，其评价内容主要包括：决策目标是否合理，决策所依据的价值准则是否正确，决策方案在技术上是否可行，制订决策方案所采用的理论和方法是否科学。管理者要善于在评估和分析过程中听取反对及不同的意见，根据这些建设性意见对方案进行再次优化。

而在决策会议上是否会有反对及不同意见的出现，尤其是一些低级职位的人敢不敢发表自己的看法，则和企业内部的企业文化氛围有关。很多企业把倾听员工意见当成企业文化的一部分。在一些发达国家，大多数企业在谈到合作或意见一致时，通常意味着消灭个性。一些公司则欢迎员工把意见公开讲出来。因为提出反对意见的人往往是出于对公司的责任心，而且不同意见可以使人从更多的侧面考察问题，它可能引导出水平

更高的好主意。

在 IBM 的种种措施中，良好的沟通机制是独具特色的。因为 IBM 公司深深懂得，只有良好的沟通，才能确保员工对公司的认同感和忠诚，使员工感受到自己是公司的一员，而不只是依令行事的雇工，这样才能发挥员工的积极性和自主意识。

对于下级而言，IBM 公司鼓励员工及时向上级，甚至向公司总裁陈述。这样，在公司内就形成了良好的民主气氛，不仅解决了具体问题，而且增进了团结。公司还设立了意见箱，拓宽沟通渠道。员工对工作有意见和建议，可以通过意见箱与各部门主管直接联系。意见箱由专人负责，对于切实可行的建议，对提建议者予以重奖。

可见，其实任何方案都需要论证的，所谓的论证就是在不断搜集信息的基础上，对方案提出质疑并进行完善的过程。

**实用指南**

民主决策的实质是充分调动与会人员的积极性，让他们充分发表意见，特别是反面意见。作为决策者要有海纳百川的心胸，认真对待不同意见，并对既定的方案进行修订，甚至全完推倒既定的方案，确保决策方案进一步优化。只有这样，所作出的决策才是最好的决策。

悦读心得

德鲁克的这一思想对你有什么启示，请拿起笔，写下你的所感、所思、所得：

## 管理者要为决策找准方向

**管理精粹**

、 除了个别事情外，所有的决策都要坚持一种共性，也就是说要为决策设置出准则。

——《卓有成效的管理者》德鲁克

### ⊙精彩阐释

为决策设置准则就是为决策确定出方向。德鲁克认为，卓有成效的管理者会将决策当成一个有条理的处理过程，一个有清晰原则和明确顺序的处理过程。决策的准则决定着决策的目的和宗旨。

在微软，比尔·盖茨将微软自由工作氛围的建立放在两个方面。首先是舒适的工作环境，这包括了自然环境和人文环境。微软的研究所被称为"campus"，这与"大学校园"的英文单词是一样的，也正是微软自然环境的真实写照。在微软的研究所内，不仅拥有大量鲜花、草坪的园区，还有美丽的比尔湖，篮球场、足球场更充满校园气氛。舒适的自然环境，造就了微软优雅的工作环境，同时也成就了微软员工的高效率工作。

第二方面就体现在人与人之间的工作交流上。在微软中，最典型的沟通方式是"白板文化"。"白板文化"是指在微软的办公室、会议室，甚至休息室都有专门可供书写的白板，以便随时记录某些思想火花或建议。这样一来，有任何问题都可及时沟通，及时解决。白板文化不仅使员工充分得到了尊重，还使交流成为一种令人赏心悦目的艺术。

从上述案例中可以看出，企业的价值观和一贯坚持的企业精神往往会成为决策时所必须坚持的方向。

**实用指南**

事实上，只有符合企业价值观和一贯做法的决策才能较为容易地得到执行。这就提醒了管理者在做决策时要对企业以往的表现进行判断，使决策符合企业价值观和企业精神，避免因两者相悖而遭到抵触。

悦读心得

德鲁克的这一思想对你有什么启示，请拿起笔，写下你的所感、所思、所得：

## 鼓励下属积极参与决策

**管理精粹**

**卓有成效的管理者鼓励下属拿出不同的想法。**

——《卓有成效的管理者》德鲁克

**⊙精彩阐释**

古人云："兼听则明，偏听则暗。"德鲁克认为，决策者要主动听取下属的意见，这样才能全面客观地了解事物，做出正确的决策。从管理角度来说，决策者全面听取各方意见，尤其是听取下属的反面意见，可以团结有不同意见的下属，也能赢得下属的尊重和信任，提高组织的凝聚力。

时任秦王的秦始皇执掌大权后，下了一道命令：凡是从别的国家来秦国的人都不准居住在咸阳，在秦国做官任职的别国人，一律就地免职，三天之内离境。李斯是当时朝中的客卿，来自楚国，也在被逐之列。他认为秦始皇此举实在是亡国的做法，因此上书进言，详陈利弊。

他说：从前秦穆公实行开明政策，广纳天下贤才，从西边戎族请来了由余，从东边宛地请来了百里奚，让他们为秦的大业出谋划策。而当时秦国的重臣蹇叔来自宋国。这些人都来自于异地，都为秦国的强大做出了巨大贡献，收复了二十多个小国，而秦穆公并未因他们是异地人而拒之门外。

李斯直言指出，秦始皇的逐客令实在是荒唐之极，把各方贤能的人都赶出秦国就是为自己的敌国推荐人才，帮助他们扩张实力，而自己的实力却被削弱，这样不仅统一中国无望，就连保住秦国不亡也是一件难事。李斯之言使得秦始皇如醍醐灌顶，恍然大悟，急忙下令收回逐客令。正因为秦始皇听取了李斯的建议，不仅留住了原有人才，而且吸引了其他国家的人才来投奔秦国。秦国的实力逐渐增强，十年之后，秦始皇终于完成统一大业。

决策需要了解不同的信息，需要对企业经营中的不同情况进行有效判断，但是任何决策者都不可能掌握全部的信息和资源，所以决策者必须重视别人的意见。尽管某些意见不能被采纳，但至少可以作为决策的参考，即使是那些反对的意见，也可以提醒决策者规避决策中的风险。

## 实用指南

决策者必须要重视别人的意见，必须善于把自己的决策通过员工参与的方式体现出来，因为所有的人都愿意当主人，而不想做奴仆。通过这样的方式，决策者处于决策的主动地位，并能积极地引导员工参与决策，以提高绩效。

悦读心得

德鲁克的这一思想对你有什么启示，请拿起笔，写下你的所感、所思、所得：

## 审时度势做决策

**管理精粹**

管理者在决策时必须先从是非标准出发，千万不能一开始就混淆不清。

——《卓有成效的管理者》德鲁克

**⊙精彩阐释**

德鲁克认为，对一个决策方案来说，首先应要求它是正确的，也就是说，它可以实现决策目标，如果它不能实现决策目标，那么它就是错误的。

要想获得正确的决策方案，就必须做好决策形势的分析工作。决策形势是指决策面临的时空状态，也就是我们平常所说的决策环境。一个决策是否正确，能否顺利实施，它的影响和效果如何，这不仅取决于决策者本身，同时还直接取决于决策情势，并受到一系列自然环境和社会环境的制约。

1944年，盟军准备开辟第二战场。以艾森豪威尔为总司令的盟军司令部，经过缜密的研究，制定了在诺曼底登陆的“D日计划”，并决定于6月5日实施。希特勒也意识到了盟军将要在英吉利海峡东南岸登陆，但由于情报工作不力，他无法确定盟军将要在英吉利海峡最窄的加莱附近登陆，还是要在诺曼底地区登陆。因此他把兵力平分在加莱地区和诺曼底地区。

可见，这种情况对盟军是十分有利的，也就是说盟军司令部的决策是正确的。但是进入6月份后，决策情势的突变，即连日的暴风雨，却差点儿使盟军的登陆计划告吹。面对连日的暴风雨，盟军司令部有关专家认真地分析了气象资料，预测到在暴风雨的间隙中，即6月6日英吉利海峡将会出现一段好天气后，毅然于6月4日晚21时45分下令决定："D日计划"改在6月6日执行。

而与此同时，德军错误地做出了另一个判断，他们认为，英吉利海峡气候将持续恶劣。因此德军最高统帅部做出了由于天气恶劣，盟军不会实施登陆作战的错误决策。于是军官休假了，海上与空中的侦察取消，负责守卫诺曼底地区的隆美尔元帅也于6月5日晨回柏林晋见希特勒，整个德军处于毫无戒备的状态。

结果，6月6日凌晨2时，盟军三个伞兵师空降到德军防线后方，接着展开大规模海、陆、空协同进攻。凌晨6时30分，诺曼底登陆取得胜利。通过以上案例，我们不难看出，盟军正是由于正确分析并充分利用了决策情势，才取得了诺曼底登陆的最终成功，而德军也正是由于对决策情势的错误估计而导致了反登陆作战的惨败。

可见，全面分析决策情势对正确决策是极其重要的。

**实用指南**

决策行为实际上是决策者个人的主观因素和决策情势这两方面共同作用的结果。因此，为了提高决策的科学性，就必须要研究和重视决策情势在决策活动中的作用，最大限度地提高决策的安全系数。

悦读心得

德鲁克的这一思想对你有什么启示，请拿起笔，写下你的所感、所思、所得：

## 做决策时，长远发展和权宜之计要通盘考虑

**管理精粹**

管理者既要有“近忧”，又要有“远虑”。做决策时，必须通盘考虑长远发展与权宜之计。

——《管理：使命、责任、实践》德鲁克

### ⊙精彩阐释

德鲁克说，要做到有效管理并非易事，管理者既要有“近忧”，又要有“远虑”。管理者的任务就在于，首先规划出一个整体的目标，使整体目标的绩效大于部门目标的总和，并且要保证整体目标的顺利实现；另外，管理者要深入分析每一项决策的可行性，并有效协调近期目标和远期目标，不能顾此失彼。具体说来，管理者可以按以下几个步骤进行。

首先，高瞻远瞩，明确目标导向。

决策目标是决策者所要达到的决策结果及效率。它具有严格的规定性：一是质的规定性，二是量的规定性。前者是决定决策方向正确与否，效益及影响好坏的尺度。任何不符合组织成员利益的目标，以及违反客观规律的目标，都存在错误的质的问题。后者主要包括数量、时间两种规定性。数量定得太大，时间定得太紧，或者数量小，时间松，都会造成不必要的失误和损失。如果目标定得不切实际，无法实现，则会造成更大的灾难。只有注意做到质量与数量、速度与效益的统一，才能制定正确目标。

一切组织行动的目标不符合质与量上的客观规律，后果将不堪设想。

其次，识别问题，确立决策的具体目标。

识别问题能力的高低是领导决策能力高低的重要反映，是衡量一个人杰出与平庸的尺度。领导者应通过信息反馈、对照比较、偏差记录、特征观察和组织诊断等方式发现问题与界定问题。发现问题并确认该问题有必要通过决策加以解决后，领导者就要确定目标。只有确定了正确的决策目标，才能为未来发展指明方向，没有目标的决策是盲目的决策。

再次，依据目标，拟订备选方案。

领导者的决策特别是重大决策应初拟几种可供选择的方案，本着优胜劣汰原则，权衡利弊，全面对比，最后选择一个最佳方案，这就是我们常说的“可行性分析”。拟订备选方案，须依据一定的目标，有了目标，就有了拟订备选方案的准则和尺度。现代决策一般要求有多个备选方案以供选择。如果只有一个方案，决策实施孤注一掷，即使成功了也是侥幸。

接下来，权衡利弊，优选行动方案。

达·芬奇认为，为了获得有关某个问题的构成的知识，首先要学会如何从许多不同的角度重新构建这个问题。人们发现自己看待某个问题的第一种角度太偏向于自己看待事物的通常方式，就会不停地从一个角度转向另一个角度，重新构建这个问题。人们对问题的理解随着视角的每一次转换而逐渐加深，最终便抓住了问题的实质。领导者对备选方案分析对比，选择最优方案，这是决策过程的关键一步。

最后，指导实施，进行反馈调控。

决策的实施过程，也是反馈调控的过程，即领导者将决策的实施情况与结果的信息反馈到整个运作过程中，以做到发现偏差，采取纠偏措施，使决策目标或方案不断完善。

我们并不要求领导者在每次决策中都必须亦步亦趋地完成以上步骤，尤其是许多危机决策和现场决策，领导者根本就没有时间考虑那么多，只能说将这种决策思维养成一种习惯，然后灵活运用。

**实用指南**

管理者要将近期和远期作为两个时间维度，即使我们不能使两个维度的决策保持一致，至少能够在两者之间找到一个平衡。有时，我们不得不为了长远利益而牺牲当前，但是我们必须仔细考虑这种牺牲的尺度。反之亦然，管理者必须将利益的牺牲降到最低。

悦读心得

德鲁克的这一思想对你有什么启示，请拿起笔，写下你的所感、所思、所得：

## 决策者要站得足够“高”和“低”

**管理精粹**

管理者应该站得足够“高”，才能有权制定决策；同时，也必须要站得足够“低”，这样才能获得决策的详细资料。

——《管理：使命、责任、实践》德鲁克

**⊙精彩阐释**

德鲁克认为，管理者在做决策的过程中，不仅要顾全大局，也要倾听下属的意见。“大局”既包括组织，也指国家和社会，最好的决策应是与领导者所处的大环境的战略目标相一致的。卓越的领导者应该有大雕塑家罗丹为全局而抛部分，为大利而抛小利的见识与勇气。

相传罗丹在完成了法国大文豪巴尔扎克的雕像后，请他的学生们来观赏。学生们对老师的杰作无不敬佩，而且不约而同地把目光集中在巴尔扎克的一双手上。学生们说:“多么奇妙的手啊!”于是，罗丹就毫不犹豫地砍掉了这双“奇妙”的手，这就是人们现在所看到的无手的巴尔扎克的塑像。罗丹对学生们说:“这双手太突出了，它们已不属于这个形象的整体了。记住，一件真正完美的艺术品，应该是没有任何一部分比整体更重要。”手是没有了，最好的元件被砍掉了，但整体形象更为传神。

领导者在决策前就要对事件进行周详考虑：是有利无害，还是有害无利，或是有害有利。在有利无害时，要权衡利大利小；在有害无利时，要权衡害大害小；在有利有害时，要权衡利大害小，害大利小或利害相当。利害不清，不能决策。

求利原则,是决策者的价值取向。但“利”有“近利”和“远利”“小利”和“大利”“自利”“他利”和“共利”。高素质的领导者，总是瞻前顾后，有大系统观;居高临下，有大局观;寓“自利”于“他利”和“共利”之中，有大哲学观；融经济效益与社会效益于一体,有大效益观。详虑,需要大智大勇。放弃眼前利益，以求长远的发展；牺牲局部利益，以求全局的发展。

**实用指南**

企业的决策，应该尽可能交给最下层的管理者制定，或者由“最接近事件发生现场”的管理者决定。但是，也要兼顾可能会受到影响的企业活动及目标。

悦读心得

德鲁克的这一思想对你有什么启示,请拿起笔,写下你的所感、所思、所得：

## 边界条件越是清晰明确，决策的有效性就越大

**管理精粹**

边界条件越是清晰明确，决策的有效性就越大，实现预期目标的几率也就越高。

——《卓有成效的管理者》德鲁克

### ⊙精彩阐释

决策要达到一个什么目的，这在科学界被称为边界条件。德鲁克认为，对于一项有效的决策而言，边界条件越清晰越明确，选择就会有依据，行动就会有针对性，实现预期目标的几率也就越高；决策目标不明确，选择就会发生偏移，甚至也会出现目标转换、南辕北辙的惨痛后果。

第二次世界大战的时候，美国是盟国的军火生产基地。美国为了把武器尽量多、尽量快地运往西欧前线，便让商船加入了运载军火的行列。但是商船常常遭到德军的袭击。为了使这些商船免受德军飞机的封锁和攻击，美国海军指挥部决定在商船上安装高射炮。但是过了一段时间发现，这些高射炮的战绩很令人失望，竟然没有击毁一架敌机。

于是海军指挥部有人提出没有必要在商船上安装高射炮，进而产生了是否还有必要进一步在其他商船上继续安装高射炮的问题。针对这一问题，盟军海军运筹小组研究后发现，把在商船上安装高射炮这一决策的目标定为击毁敌机是不妥当的。这一决策的正确目标，应是尽量减少被击沉的商船数，从而保证军火供给。虽然安装在商船上的高射炮没有击毁一架敌机，但实践证明，它在减少商船损失，在保证军火供给方面却是卓有成效的。

因此，美国海军指挥部最终否决了“不在商船上继续安装高射炮”的错误意见，而实施了在商船上继续安装高射炮的正确决策，从而保证了盟军的军火运输。试想，如果盟军海军运筹小组不进行深入研究，而在错误的决策目标指引下采用“不在商船上继续安装高射炮”的错误决策，那么盟军的军火供给肯定会遭到德军的严重破坏。由此我们可以看出，正确的决策目标具有重要意义。而决策目标的不明确或失误有时会造成难以弥补的损失。

确定目标是决策的前提，这是科学决策的重要一步。德鲁克提出的四个问题：这个决策要实现什么？这个决策的最低目标是什么？要达到什么目标？执行这个决策需要什么条件？为决策目标提制订提供了四个考量维度：目标是否清晰、目标的层次、目标的主次、目标的实现条件。

这就要求决策目标应当有确定的内涵，切忌笼统，要求决策目标、概念必须明确，表达应当是单义的，并使执行者能够明确地领会含义。企业管理决策中的目标基本上都是有条件的，因此，在确定目标时还要求管理者必须明确地规定约束条件。另外，管理者要对目标的主次进行区分，并确立衡量目标实现程度的具体标准。只有这样，决策目标才能对控制和实施决策起到指导和依据的作用。

管理者确定决策目标，要遵循两条重要原则：一是决策目标的现实性原则。决策目标的现实性原则包含两层意思：一是决策目标要有实现的必要性，是现实和长远迫切需要解决的问题。二是决策目标要有实现的可能性，它必须是经过努力可以实现的目标，而不是可望而不可即的目标。目标定得太高，没有条件去实现，会使人们对实现目标丧失信心；目标定得太低，轻而易举可以实现，也就没有进行决策的必要。

二是决策目标的价值性原则。管理者之所以把某一个目标确定为自己的决策目标，关键在于这一目标具有实现的价值。无价

值的目标或价值量小的目标对于管理者来说是无意义的。任何一个追求卓越成就的管理者，都不可能对无价值的目标去决策。

### 实用指南

有效的管理者明白，一项不符合边界条件的决策，肯定是无效的决策。不符合边界条件的决策，有时比一项符合“错误边界条件”的决策更加误事。

悦读心得

德鲁克的这一思想对你有什么启示，请拿起笔，写下你的所感、所思、所得：

## 一旦决策就不要犹豫

**管理精粹**

在做决策的过程中，一定要做到“不做不必要的决策”，而“一旦决策就不要犹豫”。

——《管理：使命、责任、实践》德鲁克

### ⊙精彩阐释

德鲁克认为，因为外来的压力而使决策犹豫不决，这样的管理者是不称职的。卓有成效的管理者必然善于谋断。一旦做出判断，管理者必须有坚持下去的勇气，否则再准确的判断也会中途夭折。

尹明善就是一位勇于坚持自己判断的强者。在这个追逐体育明星的年代，尹明善和力帆足球俱乐部的球员们一道成了大众追捧的对象。不过，当初尹明善决定涉足足球事业的时候，却是无人喝彩。计划之所以能最终成行，很大程度上是因为他坚持了自己的判断。

当时力帆上下不赞同的理由很多：重庆足球人口相对较少，重庆球市持续低迷，几乎全国所有的足球俱乐部都在亏损，力帆将拿出近9000万元资金投入到重庆寰岛红岩俱乐部。如此大的投资，风险太大不说，到底值不值？经营足球俱乐部要是能赢利，为什么那么多比力帆大得多的企业都不接？

尹明善力排众议，最终买下了重庆寰岛红岩俱乐部。事实证明了尹明善的决断没错，俱乐部果真没有让尹明善失望。还没有接手球队，全国就多了两亿人知道力帆，“八年寒窗无人问，力帆一球天下闻”，正是对此的最佳写照。

因为涉足足球，乌拉圭一位华侨认定力帆是大企业，非要买力帆的摩托车。这也是足球带给力帆的第一笔生意。2000年11月12日，重庆力帆队以总比分4∶2击败北京国安，赢得足协杯冠军。由此为力帆集团带来了更好的社会效益，使产品订单一下子增加了40%。广东惠州的麦科特集团是尹明善争取三年而未成功的客户，后来却主动要求订货，原因很简单：“能搞足球，力帆长大了！”

这样精彩的决断，尹明善还不止一桩。2000年起，国内各大城市纷纷颁布“禁摩令”，三轮车更是备受厌弃。一些摩托企业纷纷不再生产三轮车，力帆内部此时也有很多人主张砍掉三轮摩托，因为那玩意儿太低档，没什么前途，而力帆这么大个企业还生产那不上档次的产品，也显得掉价。

尹明善又一次显示出他超越常人的判断力：中国有十亿农民，他们拉货跑运输，图的显然不是豪华舒适，而是价廉实用。所谓发展才是硬道理，市场需要就是好商品。企业最大的指挥棒是市场，而不是主观愿望。既然有市场需求，为什么要停止生产呢？结果在他的坚持下，力帆很快成为全国三轮摩托产量最大的企业，2002年1月至2002年8月就销售了五万多台，远远超过第二名。

在力帆，尹明善已成为企业的精神领袖，“他们对我有很大的

依赖，所以我的决策争取不出错”。他还始终坚持这样一点：有了判断，还必须果断，“做一件事，有55%的可行性就干！等到你论证来比较去，即使有80%的把握你也会失去机会”。在他眼里，判断力是个“说不清楚的东西”。

坚持自己的判断，利于决策产生，使企业能够在第一时间获得行动指南。正是对这种“说不清楚的东西”的勇敢坚持，尹明善总是能到一定的时候搞出一些新名堂来令人耳目一新。如果一个企业在任何决策上都犹豫不决，磨磨蹭蹭，无人敢于拍板，最终将会一事无成，毫无作为。

**实用指南**

确定决策目标的可能性，重要的是把握实现目标的可控条件和不可控条件。可控条件既包括已有的物质手段、有利因素，也包括对整个大的环境的可控程度。不可控条件主要是指各种随机应变的客观现象，以及人们的心理因素。可控条件是实现决策的矛盾的主要方面，是起主导作用的，应该准确把握。只有把握了可控条件，才有可能实现决策目标。不可控条件是矛盾的次要方面，但它受可控条件的制约和影响，因此在把握可控条件时，要注意影响不可控条件，使其转化为可控条件。切记在可控条件把握不准时，不可草率确定决策目标。社会是错综复杂的，事物也总是不断变化发展的，变化有时在意料之中，更多是在意料之外。无论在商界还是战场。针对这样的“意外”，上天往往只给你瞬间的工夫决策，错过了，也就什么都没有了，因此决策者必须果敢，有魄力。这是做出决策的一种境界。

悦读心得

德鲁克的这一思想对你有什么启示，请拿起笔，写下你的所感、所思、所得：

## 理所当然做出的决策往往是不正确的

**管理精粹**

觉得理所当然很容易做出的决策，结果往往会是错误的。

——《管理：使命、责任、实践》德鲁克

### ⊙精彩阐释

德鲁克说："在一个既定计划中，若没有明确指出具体实现的方法、执行顺序、执行负责人，以及实际执行人，那么这样的决策，便不是真正的决策，而不过是个意图罢了。"经营者必须把握住企业自身的经营原则，经过反复论证再进行决策。事实证明，觉得理所当然很容易做出的决策，结果往往是错误的。所以，做决策前一定要谨慎。

1992年，事业发展如日中天的史玉柱决定建造巨人大厦，当时巨人的资产规模已经超过1亿元，流动资金数百万元。最初的计划是盖38层，大部分自用，并没有搞房地产的设想。

这年下半年，一位中央领导来巨人视察，当他被引到巨人大厦工地参观的时候，四下一看，便兴致盎然地对史玉柱说，这座楼的位置很好，为什么不盖得更高一点？就是这句话，史玉柱改变了主意。巨人大厦的高度的设计从38层提高到54层。

这时候，又一个消息传来，广州想盖全国最高的楼，定在63层。这时又有人建议史玉柱应该为珠海争光，巨人大厦要盖到64层，夺个全国第一，成为珠海市标志性建筑。

到1994年初，由于多方面的原因，巨人大厦的高度索性定在了70层。

这就是最后导致史玉柱失败的巨人大厦的投资决策过程。在

整个国家都处在激进洪流中的时候，是没有人会察觉出这一连串的偶然和随意中所蕴含的风险的，没有人看见危机的导火线从此时开始已经在嗞嗞冒烟了。

在当时，盖一座38层的大厦，大概需要资金2亿元，工期为2年，这对巨人集团来说，并非不能承受。可是，盖70层的大厦，预算就陡增到了12亿元，工期延长到6年。不但在资金上缺口巨大，而且时间一长，也充满了各种变数。

另一个例子是飞龙集团，它的衰落令人叹息，飞龙集团的总裁姜伟在他的《总裁的20大失误》一文中，历数了自己在决策方面所犯的三个失误：

**一、决策的模糊性**

不熟不做是商业法则之一，但有一段时期，总裁过于强调商业多元化，涉足了许多不熟悉的领域。同时，有许多事情也是总裁不熟悉的，又没有熟悉这方面的人才来操作，所以盲目决策和模糊决策时有发生，凭着“大概”“估计”“大致”“好像”等非理性判断进行决策。

**二、决策的急躁化**

市场经济有始有终，凡是商人，必须以平静的心态面对无休止的市场竞争。在近6年的企业发展过程中，尤其是在企业发展的关键时期，总裁经常处于一种急躁、惊恐和不平衡状态，导致全体干部也如惊弓之鸟。

**三、决策的浪漫化**

在一个知识分子较多的企业当中，有一点知识分子固有的浪漫化的企业文化是无可非议的。但是，总裁在6年经营实践当中，淡化了企业利润目的，决策过于理想化，导致飞龙集团大部分干部在企业运行过程中，出现严重的浪漫主义的倾向，不计成本，不算利润。

总结失误原因，可以说都是非理性惹的祸。怎么避免？就要先“刻板”地学会理性决策的规律，再从其中提炼出适合于领导自身的决策风格。

### 实用指南

在领导的整个决策过程中理性的心态至关重要。因为卓越的领导追求的是持续的发展，而不是“瞎猫碰死耗子”的好运，要把握命运，理性决策是领导者的必修课。

悦读心得

德鲁克的这一思想对你有什么启示，请拿起笔，写下你的所感、所思、所得：

## 没有必要的决策完全是一种资源浪费

**管理精粹**

没有必要的决策完全是一种资源浪费，甚至还会影响到其他决策的进行，所以，对于管理者来说，正确区分决策的必要性是至关重要的。

——《卓有成效的管理者》德鲁克

### ⊙精彩阐释

德鲁克认为，不必要的决策浪费决策者的时间和资源，而且可能会带来严重的后果。一方面它会浪费企业的资源，降低企业的绩效；另一方面，它会使决策者失去追随者，大大降低决策者的公信力。

施乐公司是世界上最大的现代化办公设备制造商、复印机的发明者。靠着领先的复印技术，施乐成为全球500强，1998年营业收入200.19亿美元，资产达300.2亿美元，利润3.95

亿美元，名列1999年全球500强第182位。但是仅仅一年过后，施乐这家复印机巨人即陷入难以为继的境地，股价从80美元跌落到只有8美元，市值缩水至80亿美元，负债竟高达180亿美元。是什么原因导致一个“巨无霸”企业，顷刻之间沦为侏儒呢？

其实原因很简单，就是施乐公司高层做出了一系列不必要的决策，盲目推动企业扩张，试图占领数码技术的前沿，结果失败了。其实很早以前施乐公司就有机会占领市场，但是决策者却面对机会无动于衷。比如电脑中的图标、下拉式菜单、鼠标、激光打印技术、触摸屏幕等都是施乐的发明和贡献，然而当时，施乐却没有意识到让这些发明商业化的重要性，错失了在个人电脑业大展宏图的机会。

一些不必要的决策分散了决策者的注意力，从而导致重大决策缺少关注。施乐公司主席兼首席执行官安妮·玛尔卡希总结施乐的发展教训时也曾指出要三思而后行，她说：“我在施乐工作已经有25年了，我的大部分职业生涯都在施乐，在这种情形下，你很容易认为自己对企业状况了如指掌。而面对危机局面，一旦你强烈地感觉到自己必须当机立断时，这样的决策往往很可能导致失误。很幸运的是，我们并没有急不可待地发号施令，而是花了三个月时间安抚我们的队伍，明白真正的问题所在。我们发现，那些看来显而易见的问题其实掩盖了更实质的问题。这就像每个人都试图扑灭正在燃烧的大火，却没有意识到要修补导致起火的漏油口子。要真正理解问题所在，即使多耗费一些宝贵时间也是必不可少的。”

德鲁克还告诉我们，在做决策时，决策者常常会遇到以下三类情况，需要他判断是必要的决策还是不必要的决策。

1.如果决策者不采取行动，情况就会恶化，决策者必须做出有效的决策。这种决策就属于必要的决策。这类问题，决策会存在很大的风险，但不决策，风险更大。

2. 决策者不需要采取任何行动，事情也会正常地发展下去。决策者采取行动，那就属于不必要的决策。对于决策者而言，这类问题没有风险，但需要关注。

3. 如果决策者不采取行动，企业能够生存下去；如果决策者采取行动，企业的绩效就会改善。对于这类问题，决策者必须有明确的态度，是采取行动还是不采取行动。如果经过权衡，收益远甚于风险和成本，那就必须采取行动。

显然，第三类情况是我们经常遇到的，也最能体现决策者的决策水平。决策者必须仔细分析决策风险，必须有计划地推行决策，任何一项决策，即使是正确的，如果方法不对，也可能无法推行，从而变成不必要的决策。

M 公司是一家在业界享有盛誉的高科技公司。公司的核心技术处于世界领先地位，公司的技术人员也引以为豪。公司成立之初主要以技术研发为主，创始人对公司的定位就是做世界领先的研发中心。公司经营几年来，核心技术虽然保持了领先优势，但由于产品不能市场化，所以一直不赢利。很多风险投资公司很看好 M 公司的发展前景，他们都想给这家公司投资，希望其产品逐步市场化。

为了适应市场需求，尽快融资，M 公司的决策者决定要开发设计市场化的产品。因此，公司做出决策，要求技术人员必须马上转变思路，研发有市场前景的产品，而不是只追求前沿技术。但是技术人员都希望保持自身的技术优势，他们认为开发大众化产品的技术含量不高，自身也不能提高技术，所以对公司的此项决策有抵触情绪。结果，人力资源部门和技术部门的沟通陷入僵局，公司高层最终无奈地表示，如果不能转变，就不能再在公司任职。双方无法达成共识，M 公司的骨干技术人员纷纷离职，加盟别的公司，人才流失导致公司无以为继，不仅不能获得投资

公司的资金，也使公司自身陷入破产境地。

这是一个典型的不必要决策案例，决策者没有从企业自身优势出发，只是看到自身缺点，盲目做出决策，造成人才流失。决策者或许根本就没有意识到他所做的选择实际上只是一项不必要的决策，很多决策者总希望当机立断，快刀斩乱麻地解决问题，但是在很多情况下，决策必须严格论证，分析如何采取行动对企业最为有利。

**实用指南**

在做决策的过程中，决策者必须明白，不是要你采纳所有的意见，不是要你对所有的情况做出反应，那样的话，决策者就会被各种无穷无尽且没有意义的决策所淹没。

悦读心得

德鲁克的这一思想对你有什么启示，请拿起笔，写下你的所感、所思、所得：

## 不要以全员一致赞同的方式决定事情

**管理精粹**

正确的决策来源于各种不同的意见，因此我们需要的不是意见完全一致，而是不一致，所以，不要在大家没有异议时做决策。

——《管理：使命、责任、实践》德鲁克

**⊙精彩阐释**

德鲁克认为，不要以全员一致赞同的方式决定事情。

韦尔奇永远都不会忘记1990年他在家电业务部门参加的一个Work-Out会议。

这次会议是在肯塔基州莱克星顿的假日饭店举行，参加会议的员工大概有30人。大家都在认真地听一个工人做陈述，他认为可以对电冰箱门的生产工艺进行改进。突然，工厂的车间主任跳起来打断了他的讲话，认为这个工人的意见不合理。

但是这位工人毫不留情地对车间主任说："你说的是狗屁不通……你都不知道你在说什么，你自己从来没有去过那里。"接着他拿了一支水笔，开始在写字板上演示自己的改进意见。很快，他讲完了，并得出了自己的结论。同时，他的解决方案被接受了。

看到工人师傅和他的主任为改进生产工艺进行争论，这绝对让韦尔奇非常高兴。他说："想象一下，那些刚刚从大学出来的毕业生如果面对这条生产线的话，他们恐怕做不到这一点。而现在，这些富有经验的工人师傅们帮助他们把问题迅速地解决了。"

在通用电气公司里流传着千百个像上面这样的故事。一位中年工人曾经对Work-Out这一计划做过评论说："25年来，你们为我的双手支付工资，而实际上，你们还拥有了我的大脑——而且不用支付任何工钱。"

要做到这一点，是需要勇气的。没有哪个领导站在员工面前接受批评、倾听一系列要求变革的建议时会感到很舒服，同时，也没有哪个员工会在跟自己的老板叫板时感到理直气壮。

美国通用汽车公司的总裁艾弗雷德·斯隆是个开明之人，在斯隆主持的决策会议上气氛一般都非常热烈，在一次会议中，斯隆发现所有的人都对一个重要决策持认同态度。他强调说："对于这个问题，所有的不同意见都可以提出。"

大家都点了点头，表示知道有不同意见是可以提出来的。

斯隆接着说："先生们，我想我们大家对这项决定都一致同意是吗？"在场的人都点头表示同意。于是斯隆接着说："那么，我建议推迟到下次会议再对这项决定做进一步的讨论，以便我们有时间来提出不同意见。并对与这项决定有关的各个方面有所了解。"经过事实证明，斯隆避免了一次错误的决策。

斯隆做经营决策从来不靠"直觉"，他说："在没有出现不同意见之前，不做任何决策。"

斯隆知道，只得到掌声的决策不一定是好决策。意见一致是因为每一个人都没有认真地做好自己的工作，没有完成自己的准备工作。他想要的是不同的意见，他也积极地促进不同意见的产生。

决策者必须专注于必要的而且重大的决策，从而使下属明白，企业的决策是深思熟虑并需要持之以恒的。

在决策时，不同意见会产生良好的决策，一项正确的决策，往往是通过听取不同意见，集思广益，反复比较而获得的结果。作为决策者，应该善于听取不同意见，反复论证，以求得决策的科学性、可靠性和长远性。

**实用指南**

拥有源源不断的好点子，是公司成功的秘诀。尤其在瞬息万变的当今社会，公司、企业或个人的成败往往取决于其应变之道。因此，卓越的管理者总是千方百计地激发下属发表各自的意见，哪怕是错误的意见。

悦读心得

德鲁克的这一思想对你有什么启示，请拿起笔，写下你的所感、所思、所得：

## 能被人接受的决策未必是最好的决策

**管理精粹**

再了不起的决策，也不可能永远都正确；即使最有效的决策，总有一天也会被淘汰掉。

——《卓有成效的管理者》德鲁克

### ⊙精彩阐释

德鲁克说，决策是人做的，人难免会犯错误。所以，若想了解做出决策的前提是否仍然有效，或者是否已经过时，只有亲自检查才行。

二战时，德国曾经对英国进行连续的轰炸。当时英国皇家空军力量比较弱小，战斗机数量仅为德军对英作战飞机的1/7。为了缩小两军空中作战飞机的力量对比，英国皇家空军司令部做出了“尽可能多地使飞机处于飞行状态，至少不低于70%”的决策。他们这样做的目的是想减少英德空军作战力量对比的差距。

因为从表面看来，在英国飞机总数与德军飞机总数相差悬殊的情况下，尽量增加空中作战飞机数量会大大减少英国皇家空军的作战劣势，效果似乎是显而易见的。但事实却相反。因为处于飞行状态的飞机数量增多了，被德军飞机击伤或击落的可能性也会随之增大，最终结果是能在空中作战的飞机反而越来越少。

英国马上意识到了当初做出决策时的后果预测是不正确的，因此，他们及时进行了决策调整，使35%的飞机处于飞行状态，因为经过研究，这是一个既能保证全部飞机飞行时间最长，又能保证每个战斗机组的战斗力最强的数字。果然，在两军总体力量对比悬殊的情况下，取得了较为满意的、也是最大可能的战果。

可见，对决策后果的预先正确评估，对于实现决策的科学化是多么的重要。因此，在管理中，管理者不仅要能做出正确的决策方案，还要对决策后果进行恰如其分的估量。

**实用指南**

在做出最终决策之前，对每一备选方案的实施后果进行客观、公正的预估和评价，这既是保证决策科学性的重要前提，也是方案择优的根本依据之一。如果对某一方案的实施后果做出了错误的估计，那么往往会导致决策的失误。

悦读心得

德鲁克的这一思想对你有什么启示，请拿起笔，写下你的所感、所思、所得：

## 决策是为了防止恶化或抓住良机

**管理精粹**

在继续恶化或天赐良机时，我们一定要有所行动。

——《卓有成效的管理者》德鲁克

**⊙精彩阐释**

德鲁克说，做一项决策就像动一次外科手术。以外科医师为例，做一次切除扁桃体的手术是冒险的，但是如果只切除一半，同样是冒险。手术不成功，不但治不了病，反而会引起更严重的后果。

2000 年 10 月，美国联邦食品和药品管理局的一个顾问委员会紧急建议：应把PPA列为“不安全”类药物，严禁使用。因为一项研究结果表明，服用含有PPA的制剂，容易引起过敏、心律失常、高血压、急性肾衰、失眠等严重的不良反应，甚至可能引起心脏病和中风。

美国联邦食品和药品管理局的这一建议犹如一枚重磅炸弹，在全球范围内引起了轩然大波。在墨西哥，卫生部部长呼吁禁止使用含PPA的制剂，许多医疗部门和药店纷纷向制药厂家退货，厂家和销售商损失惨重。在英国，卫生部下令紧急调查PPA。在日本，公众反应激烈，许多感冒患者拒绝服用含有PPA成分的抗感冒药。在东南亚，许多国家开始回收药品。

这对中美史克来说绝对是一场史无前例的危机。一方面，康泰克与康得在中美史克全球业务量中占较大比重，叫停后对中美史克的销售冲击很大。另一方面，康泰克被醒目地绑在媒体的绞刑架上，很多媒体都将PPA和康泰克等同起来或者将二者相提并论，生产厂家中美史克的企业形象及其他产品的市场命运正在经历着严峻考验。

中美史克公司在接到通知后立即成立专门负责应对危机事件的危机管理小组，并划分职责：危机管理领导小组、沟通小组、市场小组和生产小组。危机管理领导小组，职责是制定应对危机的立场基调，统一口径，以免引起信息混乱，并协调各小组工作；沟通小组，负责信息发布和内部、外部的信息沟通，是所有信息的发布者；市场小组，负责加快新产品开发；生产小组，负责组织调整生产并处理正在生产线上的中间产品。危机公关，在悄然有序地执行着。

16日傍晚，中央电视台播出了政府的禁药令后，员工心态开始浮动。17日中午，公司召开全体员工大会，总经理向员工通报了事情的来龙去脉，并表示了公司不会裁员的决心，以《给全体员工的一封信》的书面形式将承诺公布给每一位员工。企业的推心置腹、坦诚相见和诚挚果断的决心打动了员工，这为危机处理

赢得了良好的内部环境。同日，全国各地的50多位销售经理被迅速召回天津总部，危机管理小组深入其中做思想工作，为他们解开思想上的结，以保障企业危机应对措施的有效执行。

18日，这五十多位销售经理带着中美史克《给医院的信》、《给客户的信》回归本部，应对危机的行动纲领在全国各地按部就班地展开。为了及时掌握顾客的反应，公司专门培训了数十名专职接线员，负责接听来自客户、消费者的问讯电话，并做出准确、专业的回答，使之打消疑虑。21日，15条消费者热线全面开通。

同时为了争取较好的舆论环境，避免不必要的麻烦，20日，中美史克公司在北京召开了新闻媒介恳谈会，总经理回答了记者的提问，做出不停止投资的决策，并表示“无论怎样，维护广大群众的健康是中美史克公司自始至终坚持的原则，公司将在国家药品监督部门得出关于PPA的研究论证结果后为广大消费者提供一个满意的解决办法”。

经过这些应对危机的措施的有效实行，终于取得了不凡的效果，中美史克并没有因为康泰克和康得的问题影响到其他产品的正常生产和销售。用《天津日报》记者的话说：“面对危机，管理正常，生产正常，销售正常，一切都正常。”随着时间的流淌，有关PPA的紧张已逐渐消去。

如果一个公司不能积极应变，为阻止危机或抓住机遇做出卓有成效的决策，那么这个企业将难以在市场上立足。只有在关键时刻敢于决策和善于决策，才是一个成熟的管理者及成熟企业的风范。

**实用指南**

在日益激烈的竞争压力下，公司每天都在面对着新的变化，每天都可能出现新的危机和机遇。无论是面对危机或机遇，都需要管理者开展卓有成效的行动，以阻止恶化或者抓住时机。

悦读心得

德鲁克的这一思想对你有什么启示，请拿起笔，写下你的所感、所思、所得：

## 决策也需要勇气

**管理精粹**

做决策不仅需要判断力，更需要勇气。

——《卓有成效的管理者》德鲁克

**⊙精彩阐释**

德鲁克认为，利润与风险成正比。越是最危险的地方，越是有最大的利润。这是经商之要诀。许多人对此都烂熟于心，但缺乏运用的真功夫。何以如此呢？关键之一就是决策时没有冒险的勇气。

1600 年前后，摩根家族的祖先从英国迁移到美洲，到约瑟夫·摩根的时候，他卖掉了在马萨诸塞州的农场，到哈特福定居下来。

约瑟夫最初以经营一家小咖啡店为生，同时还卖些旅行用的篮子。这样苦心经营了一些时日，他逐渐赚了些钱，就盖了一座很气派的大旅馆，还买了运河的股票，成为汽船业和地方铁路的股东。

1835 年，约瑟夫投资参加了一家叫作“伊特纳火灾”的小型保险公司。所谓投资，也不要现金，出资者的信用就是一种资本，只要在股东名册上签上姓名即可。投资者在期票上署名后，就能收取投保者交纳的手续费。只要不发生火灾，这无本生意就稳赚不赔。

然而不久，纽约发生了一场大火灾。投资者聚集在约瑟夫的旅馆里，一个个面色苍白，急得像热锅上的蚂蚁。很显然，不少投资者没有经历过这样的事件。他们惊慌失措，愿意自动放弃自己的股份。

约瑟夫便把他们的股份统统买下。他说："为了付清保险费用。我愿意把这旅馆卖了，不过得有个条件，以后必须大幅度增加手续费。"

这真是一场赌博，成败与否，全在此一举。

另有一位朋友也想和约瑟夫一起冒这个险。于是，两人凑了10万美元，派代理人去纽约处理赔偿事项。结果，代理人从纽约回来的时候带回了大笔的现款。这些现款是新投保的客户出的比原先高一倍的手续费。与此同时，"信用可靠的伊特纳火灾保险"在纽约名声大振。这次火灾后，约瑟夫净赚了15万美元。

这个事例告诉我们，能够把握住关键时刻，通常可以把危机转化为赚大钱的机会。冒险是上帝对勇士的最高嘉奖，不敢冒险的人就没有福气接受上帝恩赐给人的财富。

任何一个企业要想做大，所面临的风险都是长期的、巨大的和复杂的。企业由小到大的过程，是斗智斗勇的过程，是风险与机会共存的过程，随时都有可能触礁沉船。在企业的发展过程中常常会遇到许多的困难和风险，如财务风险、人事风险、决策风险、政策风险、创新风险等。要想成功，就要有"与风险亲密接触"的勇气。不冒风险，则与成功永远无缘。

其实，很多事在未真正完成之前，都是具有风险性的，常常会有一波未平，一波又起的时候，也常常会有看似平静，但内部暗藏危机的时候，商场上更是如此。但是一旦你勇于去开始，敢于去克服那些困难，那么在最后你将会有意想不到的收获。在那些看似难以捉摸的风险背后，往往隐藏着巨大的财富。

**实用指南**

任何一件事情都有成功和失败两种可能。当失败的可能性大时，却偏要去做，那自然就成了冒险。问题是，许多事很难分清成败可能性的大小，那么这时候也是冒险。而商战的法则是只有敢于冒险，才会有获得成功的可能。

悦读心得

德鲁克的这一思想对你有什么启示,请拿起笔,写下你的所感、所思、所得：

## “暂行缓办”就是“不办”

**管理精粹**

许多管理者都知道，所谓的“暂行缓办”，实际就是“永远不办”。

——《卓有成效的管理者》德鲁克

**⊙精彩阐释**

德鲁克认为，开展一项计划，时机的掌握是非常重要的。本来5年前就该开始的工作，延后5年必然是最大的失策。

一天，6岁的王安外出玩耍，发现了一只嗷嗷待哺的小麻雀。他决定带回家喂养。走到家门口，他忽然想起未经妈妈允许，便把小麻雀放在门口后，进屋请求妈妈。在他的苦苦哀求下，妈妈答应了。但是，当王安兴奋地跑到门后，这时小麻雀已不见了，他看到的是一只刚刚饱餐一顿的黑猫。

这件事给他幼小的心灵带来了深深的创伤，从此他明白了一

个道理，也吸取了一个教训：凡事要当机立断，立即行动，不能瞻前顾后、犹豫不决。王安以后做事从不优柔寡断，果断把握机会成就了他一生的事业。

同样，在企业管理中，纵使你有骄人的才干、聪慧的头脑，如果总是徘徊不做决断的话，最终你必定会因此而失去下属对你的信任。因此，在日常的管理工作中，当遇到事情需要决策时，你必须抓住工作的实质，当机立断，立即行动，一鼓作气将问题解决，而不是在犹豫不决中贻误时机。事实上，要解决问题必须先行动起来，因为一旦进入行动状态后，人们就来不及多想，就等于逼上梁山、背水一战，这样反而更容易将问题解决。

黛丽尔就是一个遇事当机立断，善于把握机会的人。她为人正直、进取，做事果敢、有魄力，从不畏缩。1950 年她从美国中西部来到纽约这个世界金融中心。到了 20 世纪 70 年代，她已经凭借其非凡的才干担任纽约州银行业管理官。

1977 年，汇丰银行提出要收购纽约的海洋密兰银行，应不应该让一家外国银行取得海洋密兰的控股权成为一时的焦点。黛丽尔和凯里州长各持不同的看法。黛丽尔经过考虑，坚持用纽约州买卖银行股权的法律规定，保住了海洋密兰的控股权。她公开反抗她的上司——纽约州州长休·凯里，在当时是冒着可能被撤职的危险的，但她毫不畏缩，为纽约州金融事业出了关键的一臂之力。

1981 年，黛丽尔在另一宗银行拯救行动中，显示了她果断的卓越才干。从 1980 年开始，纽约州的格林威治储蓄银行由于经营策略失误，很快陷入困境。它付给存款客户高利息，而它的收入来源却是低息抵押，结果入不敷出，亏蚀累累，濒临破产。如果再得不到援助，就会陷入绝境，关门倒闭。一旦这家银行倒闭，结果就不仅仅是宗大银行破产事件，而可能产生连锁反应，引起其他储蓄银行发生大规模挤提事件。

为了阻止这种恶性事件的发生，黛丽尔没有犹豫，而是果断决策，和联邦储蓄保险公司一道，谋求挽救办法。她的方案是力求在纽约州选择一家实力雄厚的储蓄银行，与格林威治储蓄银行进行合并。她找过许多储蓄银行，但对方都表示不感兴趣。经过 74 个星期的努力，她终于在 1981 年 12 月说服了纽约的大都会储蓄银行收购格林威治储蓄银行，同时使联邦储蓄保险公司同意发放 1.85 亿美元给大都会储蓄银行，进行两家银行合并具体实施阶段，终于使格林威治储蓄银行避免了破产倒闭的命运。黛丽尔成了纽约州银行业管理官员中炙手可热的人物，成了力挽狂澜的第一功臣。

她这种果敢与决断以及坚持自己的立场的大将作风使她由华尔街一家股票经纪公司的调查员，成长为在纽约股票交易中稳坐第一把交椅的人，成为纽约州银行业的一个重要人物。在黛丽尔的管辖之下，她所在的金融裁判机构资产合计达 5000 亿美元。

黛丽尔的事例告诉我们，要想在问题中显示你的才干，就要摆脱徘徊犹豫不决的坏习惯。在瞬息万变的现代职场中，机遇、信息稍纵即逝，我们没有时间和机会徘徊太久。有些人往往优柔寡断、患得患失、瞻前顾后，结果只是将问题一拖再拖，失去了解决问题的最佳机会。

**实用指南**

美国加利福尼亚大学分析了 3000 多名失败者的报告中得出结论，在 30 多种常见的失败原因中，优柔寡断占据榜首。

徘徊太久，是每位管理者取得成功的大敌。在经济快速发展的今天，企业发展需要那些做事坚决果断，能够迅速将问题解决的人来推动。因此，如果你想成为企业发展的关键力量，就应当改掉优柔寡断的坏习惯，要以果断、勇敢、自信来替代徘徊犹豫，以迅雷不及掩耳之势迅速把机会牢牢抓在手里。

悦读心得

德鲁克的这一思想对你有什么启示，请拿起笔，写下你的所感、所思、所得：

## 用战术性决策解决问题

**管理精粹**

战术性决策的重心应该在问题解决上。

——《管理的实践》德鲁克

### ⊙精彩阐释

德鲁克认为，解决问题是战术性决策的主要功能。战术性决策虽然兼顾全局利益，但它是以解决问题为根本出发点的。任何管理者在做此种决策时一定要问：这个决定是否能使问题得到完美解决？

休布公司相比阿夫思，在市场上略占优势，市场占有率相对高一点。阿夫思为了抢占市场份额，特别针对休布而制订了营销战略。休布一直在市场上投入了大量的广告费用，为一款名为“斯蜜朵”的新款伏特加酒做宣传。很显然，“斯蜜朵”酒是未来阶段里休布的拳头产品。阿夫思针对“斯蜜朵”酒的定价，特意调整了自己产品的价格，他们希望以降价来打压“斯蜜朵”酒的势头。

休布在得知阿夫思的降价策略后，对于将要采取哪种措施比较适合，做了周密的考虑：如果跟着降价，双方将会陷入降价大战，最终结果只能是使消费者坐收渔翁之利，而对双方没有任何好处。休布预测到阿夫思的降价措施难以持续长久，于是他们绕开了阿夫思划定的正面战场，而是选择了对阿夫思发动侧翼进攻。

休布的侧翼战堪称典范，一共分三个步骤：第一步：产品区分。

休布公司提高了“斯蜜朵”酒的售价，在原价的基础上增加了一美元，并在广告中特别强调了“斯蜜朵”酒的独特性，从而与阿夫思的产品进行有效区隔。第二步：诱敌深入。为了使阿夫思陷入降价的陷阱，休布公司推出一款新产品，其售价与阿夫思产品售价一致，并随着阿夫思的降价而降价。第三步：釜底抽薪。为了彻底阻截阿夫思，休布又接连推出两种比阿夫思产品更便宜的新产品，这一招使阿夫思措手不及，几无应对之策。

三步奇招使休布大获全胜，不仅巩固了已有的市场份额，还趁势得到扩大。休布所出台的战略就是战术决策。战术决策是有关实现战略目标的方式、途径和措施，战术决策的目的就是实现目标。因此，战术决策具有极强的应变力。可以说，应变力的强弱直接决定着战术决策的成功与否。

罗斯福是一个应变力出众的总统，这使他具有超强的解决问题的能力。在罗斯福就任总统后不到一个月时间里，迅速解决了许多重大问题：出台《紧急银行法》使银行业开始恢复营业；发表炉边谈话，使全国人民恢复生产信心；出台《农业调整法》挽救了农业；与此同时，实行《紧急救济法》确保每个人都有饭吃；成立了多种机构，解决了青年就业问题。

而在之前的总统竞选中，罗斯福正是通过采用宣传新政这种战术决策打败对手胡佛。当时，还在总统职位上的胡佛信奉自由经济政策，全然不顾广大民众要求增加救济的强烈呼声，几次否决了在全国实行普遍救济的议案。不堪生活压力的退伍军人聚集到白宫前，要求政府发还拖欠的补助金，令人感到震惊的是，胡佛竟然下令镇压，结果造成了五十多人伤亡。

针对这个局势，罗斯福却大肆宣传新政思想。这显然是针对胡佛保守的经济政策提出的战术性竞选策略。罗斯福通过新政向民众描绘出一幅极为光明的生活前景。尽管胡佛称罗斯福为“格子裙上的变色龙”，但他只能眼睁睁地看着胜利的桂冠戴在了罗斯

福的头上。对事情的把握和应变能力的差异，决定了罗斯福和胡佛的最终结果的不同。

应变力出众的竞选策略使罗斯福获得总统宝座。由此可见，战术决策的价值使命就是迅速解决问题。其实，决策的过程就是不断解决问题的过程。

**实用指南**

在管理过程中，管理者遇到的问题只有两种，一种是预计到的情况，一种是临时情况。对于前者，管理者早有准备，而后者的出现，正是体现管理者应变力的绝佳时机，是否能够做出具有应变力的决策，直接关系到问题是否能够得到彻底解决。

悦读心得

德鲁克的这一思想对你有什么启示，请拿起笔，写下你的所感、所思、所得：

## 用战略性决策改变全局

**管理精粹**

战略性决策不仅要认清形势，更要善于利用最适合的资源来改变形势。

——《管理的实践》德鲁克

**⊙精彩阐释**

德鲁克认为，战略决策有两个重要的使命：一是根据现有的资源条件为企业制定出切实的战略目标，二是合理利用现有的资源促进目标的达成。

1995年2月，深圳乍暖还寒，刚刚28岁的王传福向做投资管理的表哥吕向阳那里借了250万元，注册成立了比亚迪科技有限公司，领着20多个人在深圳莲塘的旧车间里扬帆启航了。

成立一个公司并不难，生产一个产品也不难，难的是如何将尽可能小的投入演变为尽可能大的产出。正在寻求快速发展之道的王传福在一份国际电池行业动态中发现，日本宣布本土将不再生产镍镉电池，而这势必会引发镍镉电池生产基地的国际大转移，王传福立即意识到这将为中国电池企业创造前所未有的黄金时机，于是决定马上涉足镍镉电池生产。这个战略方向的确立，为比亚迪日后的腾飞指明了道路。

那时，日本的一条镍镉电池生产线需要几千万元投资，再加上日本禁止出口，王传福买不起也根本买不到这样的生产线。但世上无难事，只怕有心人。王传福是一个知道如何控制成本的“抠门”老板。根据企业的特点，他利用中国人力资源成本低的优势，决定自己动手建造一些关键设备，然后把生产线分解成一个个可以人工完成的工序，结果只花了100多万元人民币，就建成了一条日产4000个镍镉电池的生产线。

利用成本上的优势，通过一些代理商，比亚迪公司逐步打开了低端市场，经过努力，比亚迪的总体成本比日本对手低了40%。为进驻高端市场，争取到大的行业用户和大额订单，王传福不断优化生产工艺、引进人才，并购进大批先进设备，集中精力搞研发，使电池品质稳步提升。

比亚迪这个品牌在市场上越来越响，王传福还经常出国参加国际电池展示会，直接与能下大订单的摩托罗拉等大客户接触。获得了客户的认可后，公司的订单源源不断。1997年，比亚迪公司镍镉电池销售量达到1.5亿块，排名上升到世界第四位。截止到2007年底，在镍镉电池领域，比亚迪全球第一。

认清国际市场形势，为企业确定出具有辉煌前景的发展方向。根据现有的资源条件，为企业找到最合理的生产方式，使比亚迪获得了成功。同样，基于资源状况而制定出合理的决策，也是彼得·尤伯罗思成功的秘诀。

1978 年，国际奥委会雅典会议决定，由唯一申请城市美国洛杉矶承办 1984 年第二十三届奥运会。45 岁的彼得·尤伯罗思担任了洛杉矶奥委会筹委会主席。

每届奥运会的开支都极其惊人：1972 年，慕尼黑花了 10 亿美元；1976 年，蒙特利尔花了 20 多亿美元；1980 年，莫斯科竟花了 90 多亿美元。尤伯罗思就任后面临的第一个难题是经费来源，既无政府补贴，又不能增加纳税人负担，加之美国法律还禁止发行彩票，一切资金就都得自行筹措。

面对这种局势，彼得·尤伯罗思为筹集资金确定出一个颇具天才的决策：资源整合。他与企业集团订立资助协议；出售电视广播权和比赛门票；压缩各项开支，充分利用现有设施，尽量不修建体育场馆；不新盖奥林匹克村，租借加州两座大学宿舍供运动员、官员住宿；招募志愿人员为大会义务工作等。尤伯罗思使组委会的工作井井有条，一切如愿以偿。最终，洛杉矶奥运会赢利了 2.5 亿美元。

战略决策是有关组织全局利益和长远利益的决策，对组织的发展将产生决定性影响。企业的产品立项、技术革新、巨额投资等，都是战略决策的内容。因此，管理者在做战略决策的过程中，不仅要认清形势，更要基于自身的资源和找到可以执行战略的资源。只有这样，战略决策才能成功。

**实用指南**

战略决策是企业经营成败的关键，它关系到企业生存和发展。正确的决策可以使企业沿着正确的方向前进，提高企业的竞争力和适应环境的能力，取得良好的经济效益。反之，错误的决策，就会给企业带来巨大损失，甚至导致企业破产。所以，制订战略性决策时，一定要着眼全局。

悦读心得

德鲁克的这一思想对你有什么启示，请拿起笔，写下你的所感、所思、所得：

## 有效的决策者会运用反面意见

**管理精粹**

有效的决策者会运用反面意见。

——《卓有成效的管理者》德鲁克

**⊙精彩阐释**

德鲁克认为，有效的决策者会运用反面意见。只有这样，他才能避免被“似是而非”的看法所迷惑；他才能找到“替代方案”；他才能万一决策行不通时不至于迷茫。同时，他还鼓励反面的意见，因为他认为反面意见可以启发他的想象力，反面意见能把“言之有理”转化为“正确”，再把“正确”转化为“良好的决策”。

决策者重视别人的意见，还必须使自己在决策中处于主动地位，领导者重要的是如何引导员工参与到决策中来，同样的问题，有没有员工参与会令决策执行的效果截然不同。

索罗门是一家公司的部门主管，最近部门业绩下滑，他和下属的沟通也出现了问题。索罗门决定赋予办公室一个新面貌，改

变部门的气氛。虽然对办公室的新摆设构思让索罗门感到兴奋，但他决定先保守秘密，以便给大家一个惊喜。

周末，索罗门花了很长时间改变了办公室的陈设，每张桌子和椅子都移动了位置，每个文件柜和盆景都挪了一遍。他对自己的表现十分满意，以为星期一就能听到下属们的赞美。

周一早晨，索罗门刻意提早到办公室看看大家的反应。但他很失望，第一个到办公室的人一言不发，陆续到达的其他人也不例外。索罗门非但没有听到一句赞美，反而备受埋怨。他费了九牛二虎之力企图说服下属，新的办公环境会使大家更有活力，但他的努力毫无意义。下属们抱怨了一周，办公室并没有焕发活力。

到了周五，索罗门召集下属开会，承诺在周一早上把所有的东西都移回原位。于是，索罗门又花了一个周末的时间，物归原位。大家似乎对这种结局都感到满意。但索罗门始终耿耿于怀，他觉得必须要做一些改变，于是他向下属们不厌其烦地解释。

中午，几名下属走进索罗门的办公室说："我们已经讨论过了，您说得有道理，改变工作环境可能会给我们带来新鲜的气息，并提升大家的积极性和工作效率。"索罗门建议让所有的员工共同设计办公室的陈设方式。当天下午，下属们就把新的办公室配置图画好了。

在接下来的一周中，大家忙着安排办公室的空间。周五的时候，大家达成共识，每个人似乎都很兴奋，周末的时候下属们都过来了，大家帮忙搬东西，一起调整办公室的陈设，忙得不亦乐乎。

周一，布置得焕然一新的办公室受到大家的肯定。办公室的新面貌似乎真的为该部门注入了一股新气息，每个人都显得精神抖擞、士气高昂。然而，除了一两个桌子之外，下属们决定的配置图和索罗门在几个礼拜前决定的差不多。两者受到的待遇差别如此之大，实在耐人寻味。

可见，民主决策的实质是充分调动与会人员的积极性。

**实用指南**

对于有能力的下属来说，如果领导乐于听取不同意见，他们就会更积极、更大胆地献计献策，会更勇敢地纠正领导的过错，更自觉地提出改进工作的建议。反之，如果领导一听到反面意见就大皱眉头，甚至对献策的人假以辞色，乃至打击报复，不接受部下的建议或批评，势必会人心向背，失去下属的信赖和拥戴。

悦读心得

德鲁克的这一思想对你有什么启示，请拿起笔，写下你的所感、所思、所得：

第四篇

# 变革时代的理性与智慧

# 第一章　企业必须成为变革的原动力

## 自满往往是企业危机的开始

**管理精粹**

成功的企业往往会对以往获得的创新成果而沾沾自喜，但往往会因此而陷入难以摆脱的危机中。

——《管理的实践》德鲁克

### ⊙精彩阐释

在德鲁克看来，自满往往是企业危机的开始。

1999年，陈天桥靠他借来的50万元走上了创业之路。2005年，32岁的他就成为了华人首富。短短6年间，他一手创建的“盛大网络”资产已超过百亿，并成为中国最大的互联网企业和世界最大的网络游戏公司之一。2008年第三季度财报显示，盛大实现了第11个季度的稳健增长，而且超出行业第二名1.4倍。

盛大之所以取得如此巨大的成功，忧患意识是它最好的利器。在外人看来，盛大手里似乎有花不完的钱，它的财务状况足够健康。按照陈天桥自己的描述，盛大没有银行贷款，没有应收账款，每天的现金收入超百万。陈天桥的心里一直都认同比尔·盖茨的那句话：“微软距离倒闭永远只有14天。”微软帝国尚且如此，何况他的盛大呢？

陈天桥曾说："在 2001 年之前，盛大每天都可能死去；在 2002 年，盛大每个月都可能死去；在 2003 年，盛大每个季度都可能死去。"在盛大的发展过程中，陈天桥说自己每一年里都承担了别人十年的风险。遭遇过与合作伙伴对簿公堂，遭遇过投资方突然撤资，遭遇过黑客的大规模袭击，也遭遇过竞争对手"举报"所谓的偷漏税……政策、业务、技术风险，盛大始终觉得自己"危机重重"。

"人无远虑，必有近忧"。陈天桥始终是直面现实又憧憬梦想的清醒者，忧患意识是他的一支清醒剂。身处的领域中，新的技术，每天变化着，每天以加速度变化着。盛大每天在追求机遇的过程中面临着新的危机，同时又在不断解决危机中抓住新的机遇。这就是使盛大茁壮的生命力量。

所谓高人，往往是比常人多看到三两步，多做了三两手准备而已。正如陈天桥所说的：变是常态，不变是非常态。在陈天桥看来，一家企业如果不能在快速竞争的市场中，始终保持小步快跑的速度，就会保持不死不活的状态或者就会被人拉下来。忧患意识让人在危机面前保持清醒。也正是这样的危机意识，使陈天桥带领盛大一次次跨越死亡线，成为国内最大的游戏运营商、最受人尊敬的 IT 企业之一。

**实用指南**

孙子也说："乱生于治，怯生于勇，弱生于强。"意思是：混乱可以转化为严整，怯懦可以转化为勇敢，弱小的态势也可以转化为强大的态势。任何事情都有好与坏的两面，满足和停留就意味着危险，因此管理者要时刻有忧患意识。

悦读心得

德鲁克的这一思想对你有什么启示，请拿起笔，写下你的所感、

所思、所得：

## 管理变革最有效的方法就是主动创造变革

**管理精粹**

要成功地管理变革，最有效的方法是主动创造变革。

——《下一个社会的管理》德鲁克

### ⊙精彩阐释

英特尔总裁格鲁夫说："在这个快速变化的环境中，面对这么多强劲的对手，为什么我们始终能保持这样的竞争力？因为我们清楚地意识到当今世界唯一不变的只有一个——变化。"所以当今世界企业之间的竞争本质上是学习速度的竞争。德鲁克认为，我们要想有持久的竞争力，唯一的办法就是比别人学得更快。

然而，并不是所有的企业都能认识到这个道理。

2003 年 7 月，大家从报纸上看到这样一条消息：起源于清朝顺治八年（1651 年），流传至今已逾 350 年的传统老字号——北京王麻子剪刀厂经昌平法院依法裁定破产。很多人惋惜不已的同时，不禁要问：如此知名的老字号企业，为什么会遭到破产的厄运？

"北有王麻子，南有张小泉。"在中国刀剪行业中，王麻子剪刀名声如雷贯耳。数百年来，王麻子刀剪产品以刃口锋利、经久耐用而在市场上独霸天下。即使新中国成立后，"王麻子"刀剪仍很"火"，在生意最好的 20 世纪 80 年代末，王麻子一个月曾创造过卖 7 万把菜刀、40 万把剪子的最高纪录。但从 1995 年开始，王麻子的业绩逐年下跌，陷入连年亏损地步，在新世纪前夕甚至落魄到借钱发工资的境地。

业内专家认为，作为国有企业王麻子沿袭计划经济体制下的管理模式，缺乏市场竞争思想和创新意识，是其落败的根本原因。长期以来，王麻子剪刀厂的主要产品一直延续传统的铁夹钢工艺，尽管它比不锈钢刀要耐磨好用，但因为工艺复杂、容易生锈、外观档次低等原因，产品渐渐失去了竞争优势。市场需求已经发生了很大变化，但是王麻子剪刀的经营者却继续墨守成规，未能做出改进措施，故步自封、安于现状。王麻子剪刀终于被市场所抛弃。

这个事例表明，只有不断变革和创新，才能让企业永葆青春。

**实用指南**

物竞天择，适者生存，让故步自封、不思变革的企业被淘汰出局，正是市场上铁的法则。市场从来不考虑企业拥有多少年的历史，拥有多么辉煌的过去。只有摒弃自我满足感，跟随市场的变化而主动变革，才能持续赢得市场的信赖。

悦读心得

德鲁克的这一思想对你有什么启示，请拿起笔，写下你的所感、所思、所得：

## 变革能使企业获得动力

**管理精粹**

变革往往能够促使组织获得激情。

——《下一个社会的管理》德鲁克

**⊙精彩阐释**

德鲁克认为，使企业成为变革原动力的真正用意在于通过这

种定位而使企业的心态产生改变，让组织不再把变革视为威胁，而将其当作机会。

当初，苹果公司盛极一时，以激情和创新享誉全球。但是随着乔布斯的离开而经历了从辉煌走向衰落的过程。是什么原因促使苹果公司发生如此令人感到遗憾的变化？我们应该注意的是，苹果公司的产品品牌并没有出现致命硬伤，技术实力并没有消失，显然品牌和技术并不是影响苹果公司发展的障碍。

很多管理者将苹果的衰败归结为组织激情——尽管品牌没有变化、技术实力没有变化、其他资源条件没有变化，但组织的激情消失了，组织发展的失去动力了，组织的品牌、技术和其他资源成了摆设，未能产生最大功效，衰败趋势就难以避免。

这一局面后来随着乔布斯的回归才得以扭转。回归后的乔布斯对组织进行了多项变革，不但重塑创新战略的核心地位，而且还对重要岗位的人事进行了调整。伴随着乔布斯一项项变革举措的推出，苹果公司重获激情，重新进入上升式发展轨道。

由此可见，企业往往能够通过主动变革而获得巨大的前进动力。

**实用指南**

卓越的管理主要由技术、机制或规划构成。这只认识到了事物的一方面，其实在卓越的背后，还有更为本质的因素：员工的激情、团队的激情和企业的激情。一个有激情的组织必然是战斗力出众的组织，当组织受到挫折、困难和危险时，会自动调整自己的资源配置和行为方式加以应对。相反，缺乏激情的企业往往是毫无斗志。因此，企业管理者要擅用变革来激发组织激情，使组织始终处在一个活力四射的氛围之中。

悦读心得

德鲁克的这一思想对你有什么启示，请拿起笔，写下你的所感、所思、所得：

## 恐惧是抗拒变革的根源

**管理精粹**

拒绝变革源于无知和对未来的恐惧。

——《管理：使命、责任、实践》德鲁克

### ⊙精彩阐释

德鲁克认为，如果企业内部自我认为"企业现在这种良好形势会一直保持下去，只要我们做好本职工作，企业就能长盛不衰"，那么这家企业离倒闭就不远了。因为这种思维会在企业内部形成一种不思进取、官僚保守的企业文化，会使企业失去活力，逐渐僵化，从而使企业陷入没落。

在强生公司开发出泰诺之前，独霸美国解热镇痛市场的是史特灵制药公司的拜耳阿司匹林。作为史特灵制药公司的主打药，在半个多世纪里一直是美国解热镇痛市场的统治者。为了不削弱市场主导地位，史特灵制药一直没有把 Panodol 引入美国市场，该药属于非阿司匹林的解热镇痛剂，是其在欧洲市场上的主打药。

应该说史特灵制药公司这种保守的做法延误了其发展良机。随着泰诺的问世，史特灵制药公司的市场地位与日俱下。史特灵制药公司的保守思想将市场发展机遇拱手相让。尽管市场已经发出了明确的信号——是换一种新策略的时候了，史特灵还是把自己封闭在原有的框框中。失败已经在所难免。最终，史特灵制药公司被伊士曼·柯达公司收购。

山西票号曾一度执中国金融界之牛耳，在其长达百余年的发展历程中，辉煌与盛誉始终相伴，闻名中外。然而，在清末经济危机困扰下，在与现代银行的竞争中，山西票号开始走向衰落，一蹶不振。最终退出历史舞台，成为旧时中国记忆中的历史场景。

在山西票号谢幕之前，并非没有改革之机遇。山西票号在外国银行来华之后，尤其是在遭遇到中国官商银行的市场竞争之后，部分亲身感受到竞争压力的分号经理首先意识到了票号实行制度创新、向股份制现代银行转变的必要性。主要代表人物当数蔚丰厚票号京都分号经理李宏龄，他曾于 1908 ~ 1909 年间数次向平遥各总号大掌柜力陈改组银行之利弊，呼吁实施从票号向现代银行的改革。

但由于平遥各总号大掌柜长期居于高墙之内，关于现代银行的信息接触较少，无法及时掌握未来发展的新趋势，又加之各号总经理一般都较为传统，旧体制的保守思想根深蒂固，对新生事物充满敌意，甚至坚决反对。最终，李宏龄的改革呼吁因为大掌柜的置之不理而不了了之，票号尽失改革良机。

正如张瑞敏讲道，“创新的成果都是暂时的，只能是相对的，今天的成果明天不一定是成果，所以你这个成果在别人打倒你以前，自己先否定自己，只有自己不断打倒自己，才能永远不被别人打倒。”

**实用指南**

在市场经济飞速发展的今天，很多管理者都会有这样的体验：变化是唯一不变的真理。《鬼谷子》中说：“变化无穷，各有所归，或阴或阳，或柔或刚，或开或闭，或弛或张。”企业要与时、事、势而移，及时地调整战略。

企业首先要掌握各种物产的生产季节、产地、价格、数量及运输路程与方式；与物产有关的气候变化、年成丰歉等知识；密切注意市场变化行情，预测商品的多寡贵贱。企业要随天时、机遇、季节变化而变化，随市场而变化。战略上是否与世而移，产品是否及时更新换代，都关系到生意的成败。凡是业务范围较大、经营得法的企业家，大多是这方面的行家里手。

套用 IBM 广告词“随需应变”，要把一个企业做大做强，就要随市场而变，无论心理上还是投资策略上，都要随市场的变化及时做出适应市场的调整。

悦读心得

德鲁克的这一思想对你有什么启示，请拿起笔，写下你的所感、所思、所得：

## 做好准备，等待机遇

**管理精粹**

当天堂的甘露如雨水般降落时，一些人撑起了雨伞，另一些人则找来大汤匙。

——《动荡时代的管理》德鲁克

### ⊙精彩阐释

有人问爱因斯坦为什么能够成功，是怎么抓住机遇的，爱因斯坦说，机会只青睐那些有准备的头脑。

准备是一切工作的前提。只有充分准备才能保证工作得以完成，而且做起来更容易。拿破仑·希尔说过，一个善于做准备的人，是距离成功最近的人。一个懂得准备、善于未雨绸缪的员工才能及时抓住成功的机会。

安娜在一家服装公司做销售工作，业绩一直不错。可是公司

为了开拓第三市场，决定减少服装的生产量，裁减员工，以达到压缩成本的目的，资金转向了第三产业——房地产业。现在，所有员工都面临着被裁减的危险，人人自危。销售岗位要裁去一半人员，这不得不让所有销售人员心里打起鼓来。大家平常工作都差不了太多，谁走谁不走呢？

面对这种情况，安娜却镇定自若，似乎并没有太在意。最后的结果是销售部人员走了一半，副主管也被辞退了，而安娜却升了职。原来，安娜在平常的工作中，就十分注意整理所有客户的资料，还利用业余时间学习编程工作，为公司建立了一个庞大的数据库。这个数据库的建立为销售渠道的正规化提供了科学的依据，大大地提高了工作效率。早在一个月前，安娜就向主管拿出了这个数据库，得到了认可，正在等待讨论通过与实施。

升职后的安娜除了将销售方式正规化外，还积极联系国外的销售客户。当第一次与意大利出口商签单时，总经理发现安娜能用流利的意大利语与客户交谈，不禁对她另眼相看。不久安娜升为副总经理，成为这家公司的骨干，在销售领域无人可以替代。

机遇是位公正的女神，没有一丝一毫偏私，谁为迎接她做好了充分准备，她就属于谁。

曾有人这样形容现代职业人的竞争环境：“每一条跑道上都挤满了参赛选手，每一个行业都挤满了竞争对手。”在人满为患的跑道上和拥挤的行业竞争通道中，怎样才能成为一匹黑马，成为令人羡慕的领跑者呢？最简捷的方法就是比别人早一点做好准备。

俗话说：“春耕莫等东方明，插秧莫等鸡开口。”生活中丰衣足食，工作上一帆风顺的人都是比别人早走一步的人，但是提前做好准备的精神在现实中已经被人们忽视了。在上面案例中，安娜的工作业绩一直不错，表面上看和大家没有什么区别，实际上，安娜已经在平时一点一滴地做好了许多能够增加自己价值的准备。无论是编程还是客户的积累，以及意大利语的学习，都是其中的一部分。这并不能证明安娜的智商比其他人高多少，却证明了安娜重视准备的一种态度。正是因为具有了这种态度，安娜才成为了这家公司最不可替代的人。

一位哲人说，你永远不可能比别人多长一个脑袋，但预先准备，却能使你变得不可替代。提前预备得越早，准备工作做得越充分的人，成功的可能性就越大，我们常说的“养兵千日，用兵一时”，就是一种准备的哲学。

**实用指南**

“每个人的一生，至少都有一次受到幸运之神垂青的机遇，”一位天主教的主教说，“一旦幸运之神从大门进来后，发现没人迎接，她就会转身从窗子离去。”卓有成效的管理者都知道这样一个道理，那就是机遇只会降临到有准备的人身上。

悦读心得

德鲁克的这一思想对你有什么启示，请拿起笔，写下你的所感、所思、所得：

## 怎么做比作什么更重要

**管理精粹**

在变革的年代里，怎么做比作什么更容易过时。

——《21 世纪的管理挑战》德鲁克

**⊙精彩阐释**

德鲁克认为，变革的领导者一定要审视所有的产品、服务、市场及流程，并自问“就目前所知，如果我们还要进入这个领域，是否要依照旧有的经验”。

在20世纪60年代，米勒啤酒在美国啤酒行业的地位并不乐观，它们仅仅处在令人感到尴尬的第八位。比上不足比下有余，市场份额不足一成，与知名品牌百威相比，差距如同天堑，按照当时米勒公司内部的一个员工的说法是：第八位的位置就是告诉你，要想往上走，你需要超过七个对手才能成为领先者。如果你不上进，这个位置足以保证你饿不死，前七名每天吃牛排，我们每天能够吃上蘸点肉味的面包。

米勒公司的高层显然不满足于每天吃面包，他们也想吃牛排，为了提升公司在行业内的位置，他们决定采取重大措施。在措施出台之前，他们开始着手严谨的市场调查。很快，市场调查结果使他们有了重大发现：按照啤酒饮用者的酒量特征来对市场进行区分，市场可分为轻度饮用者和重度饮用者。前者人数虽多，但饮用量却只有后者的1/8。这个结果使米勒公司的高层感到很兴奋，他们大胆地设问：如果这些重度饮用者喝的都是我们的啤酒，我们的利润将会有多大？

为了给这个问题找出答案，他们将市场调研工作做得更为细致，随着调查的深入，他们总结出了重度饮用者的多项特征：这部分顾客多是蓝领阶层，收入不是很多，但喝酒的钱还是充裕的；他们消遣闲暇时光的主要方式是看电视，每天待在电视机前的时间多达三小时；他们爱好体育运动，爱看体育节目，喜欢参与各类体育比赛……这些特征为米勒公司描绘了详细的顾客肖像图，公司高层决定把目标市场定在重度饮用者身上，在这个顾客群体上做足文章。

他们选用了公司旗下的“海雷夫”牌啤酒作为进入这个目标市场的主打产品，并对这个产品进行了重新包装，改变了宣传策略，加大了宣传力度。他们通过与电视台合作开创了一个以米勒啤酒为名字的栏目，并在栏目中对“我们的啤酒和你的时间相匹配”这一广告主题进行大肆宣传。广告画面中出现的多是令人血脉贲张的运动画面，比如在迷雾弥漫的大海中航船、从陡峭的山坡上冲下摩托车，等等。这些广告传达的诉求效果是：只要你喝“海雷夫”牌啤酒，你就像他们一样勇敢，你的人生经历像他们一样刺激。

经过一段时间的宣传，米勒啤酒获得了成功，“海雷夫”牌啤酒在1978年的销售量多达2000万箱，仅次于AB公司的百威啤酒，在全美名列第二。从此，米勒啤酒公司进入一条高速发展的轨道，成为全世界闻名的啤酒生产商之一。

**实用指南**

企业管理者经常碰到的一个误区是：将更多的精力投入到解决做什么问题上，而忽视了对怎么做的关注。“做什么”的思考出发点是行动本身，强调的是自我判断和感受；“怎么做”则是将思考、行为、决策与市场需求、竞争环境接轨。因此，这对企业而言，更具有现实意义。

悦读心得

德鲁克的这一思想对你有什么启示，请拿起笔，写下你的所感、所思、所得：

## 要敢于“断臂”

**管理精粹**

一艘长年行驶在海上的船只，必须清理那些附在船底的藤壶，否则它们会降低船只的速度并减弱船只的机动性。

——《动荡时代管理策略》德鲁克

**⊙精彩阐释**

很多跨国公司发展到一定程度时，将会向以核心技术或者品

牌为主的经营战略转变，停产竞争力不强的产品或者出售竞争力不强的部门，这就是所谓的“断臂”。企业断臂的过程就是清除过去羁绊的过程。它们之所以会这样做，就是不想因为过去而束缚眼前的行动。

2006年8月1日，柯达公布的2006年第二季度财报显示，二季度柯达净亏损2.82亿美元，每股亏损0.98美元。其中，柯达四大主业中，消费数码产品的营收为6.28亿美元，比2005年同期下降了6%；胶片及冲印系统集团营收为11.53亿美元，相对于2005年同期的15.03亿美元有较大降幅；医疗集团营收也下降了6%，为6.55亿美元；其他所有产品的销售额为1600万美元，而2005年同期则为2400万美元。唯一增长的便是柯达的图文影像营收，比去年同期增长了14%，营收额达到了9.08亿美元。

这份财报充分说明了向数码业务的转型比预期的要困难得多。为了扭转目前的不利局势，柯达在公布财报后立即宣布将旗下数码相机制造所需业务全部外包给新加坡专事代工的伟创力国际有限公司NasdaqFLEX。柯达公司副总裁、柯达消费数码影像集团数码相机及组件部总经理认为，此项战略将使柯达集中精力专注于高级研发以及那些能够带来最大的差异化竞争优势的业务领域。

早在2003年，在前任首席执行官邓凯达的推动下，柯达开始从传统影像到数码影像的战略转型。为了增加自己在数码影像方面的市场份额，柯达在2006年前投入30亿美元，在公司的三大战略支柱——民用数码影像集团、医疗集团、胶片影像集团之外，进行大规模的收购。对于柯达此次的断臂之举，有专家表示：“柯达在数码相机和数码冲印方面其实还是良性发展的，现在的举动并不等于它在数码领域受挫，反而从另一个侧面反映出柯达想把数码做好，是专业化分工的一个举措，这样可以降低成本，操作也会更灵活。”

事实确实如此，柯达2007年底完成了整个公司的转型。2008年1月，柯达公布的2007年第四季度财务报告称，由于四年来从传统胶卷技术向数字技术的转移获得成功，2007年第四季度柯达公司获得了2.15亿美元的利润，每股收益71美分。

从案例中我们可以看出，“断臂”使柯达获得了新的发展。

**实用指南**

德鲁克说：“要把资源集中在成效上，就需要企业进行体重控制。”也就是每次进行新任务时，就要放弃一个没有前景的任务。只有这样，企业才能轻装上阵，在最擅长的领域精耕细作。

悦读心得

德鲁克的这一思想对你有什么启示，请拿起笔，写下你的所感、所思、所得：

## 通过自我淘汰来防止被对手淘汰

**管理精粹**

我们主动淘汰自己的产品、流程或服务，是防止竞争对手淘汰我们的唯一方法。

——《管理未来》德鲁克

**⊙精彩阐释**

在风云变化的商海中，企业一时的成功不能代表从此可以一劳永逸。几年甚至几十年过去后，一些企业从人们的视线中消失了，一些新的企业又出现了，这就是企业竞争中残酷的优胜劣汰法则。德鲁克认为，企业要在竞争中成为胜利者，唯一的办法就是不断改革、以主动自我淘汰来保持市场竞争力。

美国家乐公司的起家依靠的是创新，衰落是因为缺乏创新。该公司当初首创了早餐麦片，在当时引发了消费麦片的潮流。其后，公司以它的质量可靠、供货稳定，在美国市场傲视同行长达20多年，其地位无人匹敌，公司也是大赚特赚。

没有想到，家乐公司渐渐只沉浸于自己的美梦中而丧失了进取精神。到了20世纪70年代末，人们的消费习惯随着时代的发展起了变化，家乐公司在丰厚利润的掩盖下，没有注意到这种变化，也没有采取新措施以适应新的形势。

当家乐公司还在万事大吉的神话中睡觉时，它的对手向它发起了进攻。美国的通用磨坊、通用食品等公司做了充分的市场分析，了解了新的消费群、新的消费口味，并有针对性地推出新口味、新品种、多类型的价格便宜的麦片。它们不仅在产品上创新，而且采用了新的宣传方式，大搞促销活动。结果，产品一经推出就大受欢迎，成为市场上的抢手货。

在新产品不断推出的时候，家乐公司还是一成不变地卖老产品。市场是非常残酷的，消费者很容易喜新厌旧，新品给了家乐公司猝不及防的迅猛一击，在毫无准备的情况下，家乐公司的市场占有率从过去的80%以上急剧下降到了38%。

詹姆斯·莫尔斯说："可持续竞争的唯一优势来自于超越竞争对手的创新能力。"在这个优胜劣汰的世界，无论多么优秀的企业，只要它停止创新，离死亡就只有一步之遥；无论多么卓越的企业，只要它缺乏创新，就会走向衰竭。

**实用指南**

德鲁克说：创新的同时，必须学会放弃。自我淘汰的本质就是创新，创新的过程就是自我淘汰的过程，企业要想不被对手所打败，只有持续不断地创新。

悦读心得

德鲁克的这一思想对你有什么启示，请拿起笔，写下你的所感、所思、所得：

## 在自己最擅长的领域发动变革

**管理精粹**

成功变革的首要良机就是要发掘自身的成就，并将变革建立在已经取得的成就上。

——《21世纪的管理挑战》德鲁克

### ⊙精彩阐释

将变革建立在已经取得的成就上，就是要求企业要基于自己的优势资源进行变革。孙子也曾说："无所不备，则无所不寡。"意思是："处处防备，就处处兵力薄弱。"无论是德鲁克还是孙子，言外之意都是要发挥自己的长处，而不是掩饰自己的短处。对于企业不太擅长的领域，尽量避免花费力气。

1981年，通用电气旗下仅有照明、发动机和电力3个事业部在市场上保持领先地位。2001年，杰克·韦尔奇退休时，通用电气已有12个事业部在各自的市场上数一数二。如果它们能单独排名的话，那么，通用电气至少有9个事业部能入选500强企业之列。这是杰克·韦尔奇推行"数一数二"战略的辉煌成果。

1981年，杰克·韦尔奇上任后，开始不断向投资者和下属宣传他的"数一数二"经营战略。他认为，未来商战的赢家将是这样一些公司："能够洞察到那些真正有前途的行业并加入其中，并且坚持要在自己进入的每一个行业里做到数一数二的位置。无论

是在精干、高效，还是成本控制、全球化经营等方面都是数一数二。80年代的这些公司和管理者如果不这么做，不管是出于什么原因：传统、情感或者自身的管理缺陷，在1990年将不会出现在人们面前。”

“数一数二”战略开始的时候并不被人们理解。在20世纪80年代，只要企业有赢利就足够了。至于对业务方向进行调整，把那些利润低、增长缓慢的业务放弃，转入高利润、高增长的全球性行业，这在当时根本不是人们优先考虑的事情。当时无论是资产规模还是股票市值，通用电气都是美国排名第10的大公司，它是美国人心目中的偶像。整个公司内外没有一个人能感觉到危机的到来。

其实，当时美国的市场正被日本一个一个地蚕食掉：收音机、照相机、电视机、钢铁、轮船以及汽车。通用电气公司的很多制造业务的利润已经开始萎缩。而且1980年美国的经济处于衰退状态，通货膨胀严重，石油价格是每桶30美元，有人甚至预测油价会涨到每桶100美元。这对通用电气公司的制造业也是个冲击。

杰克·韦尔奇认识到：把通用电气公司的弱势业务转给外边的优势企业，两者合并在一起，这对任何人都是一个双赢的结局，比如把空调业务出售给特兰尼。特兰尼在空调行业中占据领先位置，合并后，原通用电气公司空调部门的人员一下子成了赢家中的一员。

韦尔奇的“数一数二”战略使通用公司很快摆脱困境，走向成功。

韦尔奇的这种战略体现的正是基于自身优势进行变革的思维方式。

## 实用指南

只有基于自身优势进行变革，企业才不会在不擅长的领域浪费精力，而会一直专汴于最擅长的领域，获得持续成功。

悦读心得

德鲁克的这一思想对你有什么启示，请拿起笔，写下你的所感、所思、所得：

## 创建利于创新的组织结构

**管理精粹**

企业想要创新，就要建立一个可以让员工发挥创新精神的组织结构。

——《创新与企业家》德鲁克

### ⊙精彩阐释

德鲁克说，创建利于创新的组织结构是创新的前提。以促进创新为导向来进行组织结构设计，在这一点上，长虹的做法很值得借鉴。

作为中国本土企业的一面旗帜，长虹集团认为，创新就是满足消费者现实和潜在的需求，创新的起点是消费者，终点是价值的产生。而企业一切创新活动必须以满足消费者的需求为起点，将消费者需求当作研发的源头，实现消费者需求与企业研发的无缝对接。

为此，长虹建立了一个系统收集并满足消费者需求的技术创新管理机制，在收集消费者需求后，快速组织技术研发部门进行技术研发，以研制出适应消费者需求的产品。长虹的技术创新管理机制包括创新战略和创新机制两个方面：创新战略包括技术路线图等，创新机制包括组织结构、流程、工具等，完善的技术创

新管理机制为长虹的创新活动提供了不竭的原动力。

长虹在各产品公司、业务单元、研发中心之间建立了技术联席会议制度，协同技术创新和技术开发工作；建立并逐步完善研发体系，形成从用户需求洞察、市场机会分析、立项、研究开发、试制、转移以及生产和生命周期管理的创新流程及规范；建立了知识管理体系。

为了保证主要业务技术、产品发展规划制订以及重大创新活动决策的科学性，长虹还成立了公司技术委员会，作为公司内部技术创新活动的交流平台和外部技术联络、交流接口，进一步发挥各业务单元技术创新的协同效应。这一系列变革加强了长虹研发系统的开放性，带来了全新的以消费者需求为出发点的研发观念，大大提高了产品的研发速度和有效性。

此外，长虹还完善技术创新管理团队，以项目经理负责制为核心组建了技术管理创新的队伍。在“开放、信心、韧性”的创新观念指引下，项目经理负责制推动各职能部门向以业务流程为主的职能转变，使技术研发始终能够准确与市场接轨，实现用消费需求指导研发的企业良性研发机制。

同时，为了激励员工创新，长虹重点推行了两大计划：推行员工利润分享计划，即将创新取得的市场效益与员工利益紧密关联，探索新时期中国家电业自主创新激励机制；推行员工内部创业计划，鼓励员工创业，探索出员工与企业价值最大化的实现途径。

通过建立完善的自主创新体系，长虹一方面可以快速收集消费者需求并进行精准需求导向的研发；另一方面可以快速实现技术的整合提升，在自主创新体系保障下，实现技术的快速消化、吸收和创新。通过改革技术创新管理机制，长虹实现了以消费需求为导向的精准研发与生产，推动整个企业各个环节的优化升级，提升企业自主创新能力和综合竞争力。

由此可以看出，只有创建有利于创新的企业组织结构，企业创新活动才能高效和持久。

**实用指南**

创建创新的组织结构是企业发展的基础，是企业整体创新的前提，同时也是实现一个企业不断创新的保障。如果旧的落后的企业组织不进行创新，就会成为严重制约企业创新和发展的桎梏。

悦读心得

德鲁克的这一思想对你有什么启示，请拿起笔，写下你的所感、所思、所得：

## 我们无法驾驭变革，我们只能走在变革之前

**管理精粹**

我们无法驾驭变革，我们只能走在变革之前。组织结构急剧变革，只有领导变革并主动予以实践，组织才会获得发展。

——《21世纪的管理挑战》德鲁克

**⊙精彩阐释**

德鲁克说："我们现今所处的是一个动荡不安的年代，变革是常态。说真的，变革是痛苦和冒险的；更有甚者，变革要下很多苦功夫。但是，除非一个组织明确了主导变革是它的任务，否则就无法生存。"

在今天这个时代，管理者应该视变革为机遇，懂得如何找到适合组织，并且在组织的内部、外部都能发挥功效的变革。

毫无疑问，我们正处于一个大变革时代，永无止境的改革是这个时代最鲜明的主题。企业汲取了这个时代无限的动力，把压抑了几千年的豪情毫无保留地释放出来，变动不羁的观念、蓬勃

流动的思想源源不断地迸发而来，不断修正我们认识世界的方式。

变革才可以生存，生存就必须变革，已成为这个时代企业家和经理人的普遍共识。积极适应时代变化，做变革的领导者，更要做变革的主动者。

做变革的领导者，更多的是强调成为第一第二，但是最好的总是会变化，唯一不变的是做更好的。所以，做变革的主动者更重要，这昭示了企业家的一种态度和精神。我们总在主动地改变我们的思想，改造我们的生活，成就我们的事业。

德鲁克强调，企业家总在寻求变革，总在探索变革，总在主动地寻找变革所带来的机遇。企业没有理由不在这个变革的时代做变革的主人。

通用公司创造了当代企业发展的奇迹，它被喻为是“创造企业的企业”。在韦尔奇执掌通用的时代，通用一直在做变革的主动者。韦尔奇是个活在明天的人，所以他强调变革，并不遗余力地推动通用公司进行主动变革。每个企业家，在这个变革的时代，都必须把眼光放在未来，把希望投向明天，而要实现这样的目标，只能放弃过去，从今天开始，做变革的主动者。

成功固然是我们所追求的，然而所有的成功不过是一种暂时的成就，过于强调成功而忽略变革的持续和主动性，势必背上成功的包袱，成为昔日辉煌的牺牲品。

1972 年，IBM、通用汽车与西尔斯在《幸福》杂志 500 强企业排名中分列第一、第四和第六位。1983 年，它们被排在国家最受推崇的企业名单之中。然而到 1992 年，这几家企业都处于苦苦挣扎之中，没有一家排在《幸福》杂志 500 强企业的前 20 位。仅仅在 1992 年，它们便合计损失了 324 亿美元。1900 年美国排名前 25 位的工业企业中，到 1992 年只有两家仍保持在前 25 位中。这些被淘汰出局的公司的经营者也曾为公司效益的增长费心费力，但究竟是什么使这些大企业失去了竞争的优势呢?

细细品味上面的数字，我们就会明白这样一个道理，即成功不过只是一种暂时的成就，如果企业不能延续自己变革的本质，那么这种成功只是一种包袱，最终会导致我们在自满或者无视变革中失去继续成功的能力。

2000 年，华为销售额达 220 亿元，以利润 29 亿元人民币位居全国电子百强首位。此时业内的形势也堪称“一片大好”“网络股”泡沫破灭的寒流还未侵袭中国，国内通信业增长速度仍在 20% 以上。就在这时，任正非发表了《华为的冬天》，预言“冬天”即将来临，并且大谈危机和失败。

任正非总裁发表《华为的冬天》后不到一年的时间，整个电信行业就步入了严峻的冬季：2001 年由于中国电信分拆及产业重组，同时欧美电信市场迅速饱和致使国际光纤通信产品大量涌入我国，使国内光纤通信市场缩小许多，华为公司本打算传输产品销售额 200 亿元的计划落空，最后缩减为 80 亿 ~ 90 亿元。

从华为公司内部情况来看，随着企业的高速发展和规模扩大，内在的组织管理矛盾日渐突出，以反官僚化为核心内容的组织变革问题也越来越紧迫。

如何按照《华为公司基本法》的要求，建立有效的网络式组织结构，彻底地进行激励性工作再设计，在操作层面是一个巨大工程和困难的问题。从实际运作过程来看，华为公司的二级矩阵结构存在两条权力线，这实际上很容易陷入双重两难困境：项目经理对项目运作承担着责任，而不完全拥有项目资源，这就带来诸多不确定性，往往出现“有时反复做一件事却没有时间把事情一次做好”的情况。

当然，“华为的冬天”实际上并非只是华为公司的冬天。正如在《华为的冬天》最后，任正非指点江山地说：“沉舟侧畔千帆过，病树前头万木春。网络股的暴跌，必将对两三年后的建设预期产生影响，那时制造业就惯性进入了收缩。眼前的繁荣是前几年网络大涨的惯性结果。记住一句话‘物极必反’，这一场网络、

设备供应的冬天，也会像它热得人们不理解那样，冷得出奇。没有预见，没有预防，就会冻死。那时，谁有棉衣，谁就能活下来。”

危机会在不知不觉中到来，常常会打得你措手不及，只有应对危机时做出快速的反应才有可能幸存。那么，又该如何应对危机呢？《华为的冬天》已经给了我们答案，那就是要主动变革，要持续创新。

在这个急速变化的社会里，不可能存在一成不变的优势。所以，只有不断地创新，才能够让自己的优势适应时代的发展，在不断的变革中创造新的优势，促进企业的可持续发展，才能不断地获得利润。

现在，许多企业都处于成长期或平稳发展期，“太平盛世”最易让人放松警惕、懈怠不前，因为市场是瞬息万变的，在变化中求生存、求发展的企业必然要求它的员工有积极创新的意识和开拓创新的能力。

任正非在警示华为的员工时说：“冬天已经不远了，我们在春天与夏天要念着冬天的问题。”有些事情对别的公司来说不一定是冬天，而对我们的公司可能就是冬天，我们的冬天可能来得更冷一些。你有没有在春天和夏天就念着冬天的问题呢？有没有做好应对市场变化的准备呢？

成功，从某种意义上来说，是企业的一种包袱，我国自古就有“骄兵必败”的说法。一个企业若是以行业老大自居，就会丧失应有的危机感，失去创业期的进取精神，故步自封。然而，变化永不停息，企业的危机又难以预料，我们只有不断地在时代潮流中运用变化，不断地创新，甩掉成功的包袱，才能帮助企业及时调整策略，才不至于丢掉已有的财富和丰厚的利润，才能使我们的企业在市场变化中持续保持领先优势，并将对手远远抛在后面，创造出巨额的财富。

《华为的冬天》告诉企业家一个基本的事实：在市场环境变化

莫测的当代，我们不能被动地去应对变化，只有主动地迎接变革，企业才能有机会活过冬天，才有机会在寒风萧瑟的冬天乐观地说："冬天来了，春天还会远吗？"

**实用指南**

变革与风险同在，有创新就有风险，但是不创新，企业就没有未来。所以要尝试变革，这样做不一定会成功，但不去尝试的话更是毫无胜算。

悦读心得

德鲁克的这一思想对你有什么启示，请拿起笔，写下你的所感、所思、所得：

# 第二章　知识的特点就是不断变化

## 成为知识整合上的高手

**管理精粹**

在今天高度技术化领域里，许多成功的公司并非以技术见长。

——《成果管理》德鲁克

### ⊙精彩阐释

德鲁克认为，知识整合是企业最重要的能力。在德鲁克眼里，“知识不只是技术，许多成功的公司并非以技术见长”。企业的成功并非完全依靠技术，而是依靠企业各个环节综合知识的所产生的力量。有的企业以技术见长，有的企业以营销见长，还有的企业以管理见长。无论哪种企业，但凡取得卓越成就的企业，必然在一个领域甚至在多个领域里占有高人一筹的知识。这种支撑企业傲立群雄的知识有可能是营销知识，也可能是管理知识。优秀的企业管理者一定善于综合知识并使其迸发出最大的能量。

鲍罗·道密尔在美国工艺品和玩具业中享有盛誉。1945 年，这位 21 岁的匈牙利青年，身上只带了 5 美元就到美国闯天下。20 年后，他成为百万富翁。道密尔初到美国的 18 个月，就换了 15 份工作，有些甚至是别人梦寐以求的。这在别人看来是无法理解的，但道密尔觉得，那些工作，除了能维持生存外，都不能展示他的能力。

通过当推销员，他获得了人生的第一桶金。随后，他用自己所挣的钱收购了一个濒临倒闭的工艺品制造厂。当时道密尔只提出两个条件，不负责工厂旧的债务，他接手以后的亏损由他自己负责。另外，尽管他只占有工厂的70%的股份，但这个工厂将来如果挣了钱，他的利益要占90%。一年后，这家工厂起死回生，获得了惊人的利润。道密尔是怎么成功的呢?

原来，他接手工厂后，首先仔细研究了公司的每一项作业程序,从定价、消耗到销售,从生产到管理,把每一项缺点记录下来。他对这些可能导致工厂亏损倒闭的要素进行排列分析，确定哪些是不合理的，哪些是可调整的。然后，他针对这些缺点进行了一系列的调整。通过对一系列因素的比较和测算，道密尔最终得出结论：工厂倒闭的主要原因在于管理成本太高和产品定价太低。

针对这一结论，他采取了行动。首先，要降低管理成本，他就必须裁减大批职员。道密尔把留下来的管理人员的工作量加倍，薪水也加倍，与工作量相适应。这些留下来的人，由于待遇提高也增加了责任心。其次提高产品价格,以此来增加赢利。在加价前，道密尔先加强服务质量，以减少顾客的埋怨，改变消费者对公司的看法，让他们觉得物有所值。当时机成熟时，再加价。

事实证明他是正确的，道密尔通过对工厂各个环节的精细化管理，工艺品制造厂不仅扭亏为盈，还使道密尔赚到了人生的第一个100万。鲍罗·道密尔的成功凸显了知识整合的意义，也有力地证明了德鲁克所说的“知识不只是技术，许多成功的公司并非以技术见长”。

## 实用指南

德鲁克说，知识不只是存在于企业之中，也非企业独自占有，这就需要企业管理者善于从企业之外学习知识，将其综合运用到企业中来，从而使企业获得独特的核心竞争力。使一个企业真正

与众不同，并且成为其独特的资源，是其利用各种知识——从科学和技术的知识到社会、经济和管理的知识的能力。一个企业唯有在知识整合方面的才能与众不同，才能生产出在市场上具有某种价值的东西。

悦读心得

德鲁克的这一思想对你有什么启示，请拿起笔，写下你的所感、所思、所得：

## 知识的最大特点就是不断变化

**管理精粹**

每一种知识最终会因为过时而变成错误的知识。

——《成果管理》德鲁克

### ⊙精彩阐释

德鲁克认为，知识的真相就是每一种知识都会变成错误的知识。知识如同新闻一样，当你还沉湎于昨天的事件中时，那个事件已经成为了历史。

作为全球最成功的企业之一的微软公司的总裁，盖茨非常喜欢微软公司文化中的一条内容是："每天早晨醒来，想想王安电脑，想想数字设备公司，想想康柏，它们都曾经是叱咤风云的大公司，而如今它们也是烟消云散了。有了这些教训，我们就常常告诫自己——我们必须要创新，必须要突破自我。我们必须开发出那种你认为值得出门花钱购买的 Windows 或 Office。"

计算机领域有一个人所共知的"摩尔定律"，它是由著名的芯片制造厂商——英特尔公司创始人之一戈登·摩尔经过长期观察后，于1965年4月19日提出的。“摩尔定律”基本定理：集成电路芯片上所集成的电路的数目每隔18个月就翻一番；微处理器的性能每隔18个月提高一倍，而价格下降一半；用一个美元所能买到的电脑性能，每隔18个月就翻两番。

盖茨历来以悲观的论调谈论微软，即使是在微软最鼎盛的时期，他也一再强调微软离破产只有18个月的时间。当微软利润超过20%的时候，他强调利润可能会下降；当利润达到22%时，他还是说会下降；到了今天，他仍然说会下降。他认为这种危机意识是微软发展的原动力。微软著名的口号是：不论你的产品多棒，你距离失败永远只有18个月。

盖茨的恐慌来源于对知识过时的担心。正是因为这种危机感，使微软找到了持续发展的必由之路，那就是不断创新。事实上，盖茨一直也没有停下创新的脚步，无论在任何场合，只要是软件能发挥效益的地方，他都会让微软顾及。微软为手表开发软件、为电话开发软件，电视机、汽车上也有微软的产品。不过这些东西有的需要很长时间才能被大众接受。例如微软为有线电视网络开发的软件直到最近几年才开始赢得了大量的客户，而相应的开发工作历时已超过了10年。

无论是盖茨的忧患意识，还是摩尔定律，都警示了更多的企业管理者：竞争时代瞬息万变，任何一个企业稍稍疏忽就将面临破产的可能。正如硅谷一家经营者说的那样：“你永远不能休息，否则，你将永远休息。”永远追求新知是企业管理者必须拥有的意识和习惯，只有这样，企业才能永续发展。

**实用指南**

对于管理者而言，下面这个问题始终应该提出来问一问：我们还需要什么，或者我们是否需要某种不同的东西？言外之意，企业应在高度警醒下不停学习。

悦读心得

德鲁克的这一思想对你有什么启示，请拿起笔，写下你的所感、所思、所得：

## 创新能力越弱越容易墨守成规

**管理精粹**

企业的技术变革越不显著或突出，整个组织墨守成规的可能性就越大。

——《管理的实践》德鲁克

### ⊙精彩阐释

德鲁克认为，要想避免陷入墨守成规的陷阱，企业就必须时刻强调创新。在这个要求创新的时代，不能创新的公司是注定要衰落和灭亡的。一个不知道如何对创新进行管理的管理者是无能的。日本汽车称霸全球和克莱斯勒在箱式旅行车上的崛起就充分说明了创新对于提升企业竞争能力的重要性。

20 世纪 70 年代初期，中东战争爆发，全球爆发金融危机。这为一直对美国市场伺机而动的日本汽车公司迎来了机会。尽管经历了连续快速增长的日本汽车工业也受到了这次石油危机带来的影响，在 1974 年出现自 1965 年以来的首次负增长，但在那一年，日本汽车率先掉头，他们减少了对耗油量大的大型汽车的投入，转而全力发展节能的小型车。

小型车开辟了新的市场蓝海，因为其特别省油，得到了深受石油危机困扰的欧美民众的热烈欢迎。1976 年日本汽车出口达到 250 万辆之多，首次超过国内销量。以福特、通用和克莱斯勒为首的美国汽车工业这时才如梦初醒，开始重金投入开发省油的小车型。

其实在日本汽车大举进入之前，美国汽车三巨头并不是没有发现小型车的市场需求，但为了不在原有的竞争格局中率先发生变化，他们三家中的任何一家都没有对这种车型足够重视。日本人抢占了先机，节能小型车的蓝海是他们发现和开创的，所以他们毫无争议地成为了这个领域的第一名。因为错失这片蓝海，美国三巨头损失惨重，三巨头中实力较弱的克莱斯勒公司险些因此而破产。

痛定思痛的克莱斯勒开始寻找属于自己的蓝海，他们把眼光停留在箱型车上。传统箱型车的空间不够大，不能满足消费者旅行的需要，但小货车又不够轻便。1983 年，克莱斯勒公司开发出介于传统箱型车和小货车之间的厢式旅行车系列，从而开辟了旅行车这一细分市场，成为了旅行车中的领先者。

后来，很多公司介入箱型车的研发，沃尔沃曾推出过 740 涡轮增压型 5 门旅行车，这是当时速度最快的旅行车之一，0 ~ 100 公里 / 小时加速时间仅需 8.5 秒，功率输出高达 200 马力。从 20 世纪 90 年代之后，汽车行业的竞争已经成为全球化竞争，竞争越来越充分，市场不断地进行细分，新的空间越来越少，但规律没有变化：谁的创新能力越强，谁就能成为第一名。

我们应该从克莱斯勒和沃尔沃的发展中得到这样的提示：企业组织想要成为胜利者，成为行业的领先者，就必定要拥有别人所不具备的创新能力。

**实用指南**

市场就是无边的疆域，企业管理者要想成为这个疆域中某一领地的王者，自己成为这个领地的开拓者和规则制订者，是最为便捷的途径。

悦读心得

德鲁克的这一思想对你有什么启示，请拿起笔，写下你的所感、所思、所得：

## 把握住先机是企业成功的关键

**管理精粹**

“已发生的未来”属于未来的商业范围，它是知识、社会、文化或者产业结构的变化，它是一种重大的转变，是一种打破现有模式，而不只是对原有模式的修正的转变。

——《成果管理》德鲁克

### ⊙精彩阐释

德鲁克说，在转变开始和转变彻底形成之间存在着时间差。认识到这种时间差的企业往往会抢得发展的先机。

2000 年，江南春看到了电梯里包含的巨大商机，用液晶电视播放广告来填补等待时间，用动态画面代替户外静态广告的创意应运而生。全新的商业模式再加上江南春的个人魅力，立刻吸引了软银的风险投资。两年内，分众传媒的液晶电视覆盖了 40 多个城市的 2 万多座楼宇，成为行业先锋。

江南春的广告理论是：“分众传播的角度强调立体化传播和无缝化传播。立体化指针对人们生活的多元化，进行多渠道的传播，单一媒体已经不能满足人们立体化的多元生活。无缝化传播是根据特种人群的生活习性，进行符合他们生活习惯的传播。我们根据人们的文化生活习性和媒体接触点，来开发创造出一些新的，原来没有的媒体形式、渠道、方式等。”

例如，商务人士整日忙于工作、应酬而无法关注传统媒体这一事实，使江南春认识到，要打这类人的广告，不能采取传統模式，而要在他们常在的会所、健身房、办公楼宇等地方树立媒体。凭着这样的理念，江南春首先想到的是高档写字楼此前毫无额外利用的电梯，“利用人们等电梯的无聊时间来播放广告”。

2003 年 5 月，江南春注册成立分众传媒（中国）控股有限公司，并出任首席执行官。当分众传媒获得充沛资本之后，江南春以迅雷不及掩耳之势在全国各大城市掀起了“圈地”攻势，在短短两年多的时间里，江南春在全国 45 个城市中占领了 2 万栋商业楼宇。正如《福布斯》杂志所描述的：“江南春以最快的速度占领当地的主要高档写字楼，将剩下的市场空间留给了随后出现的模仿者。”

分众传媒以其独特的商业模式、独特的分众性，不但赢得了业界的高度认同，其高速成长更得到众多国际知名投资机构的积极响应，相继注资数千万美元，推动了户外电视广告网络的发展。2005 年 7 月，分众传媒成功登陆美国的纳斯达克，成为海外上市纯广告传媒第一股，上市短短 5 个月，其市值已经飙升至 12 亿美元。

江南春以及分众传媒的成功告诉我们，企业成功的关键就是要把握先机，快人一步，要比竞争对手更迅速地掌握未来的动态、未来的资讯、未来的走向。

**实用指南**

凡事预则立，不预则废。每个企业的发展都离不开市场，但是市场又是发展变化的。当前，企业之间的竞争异常激烈，相互之间不仅仅是人才、资本、产品和技术水平的比较，同时也是行动与速度的对抗，俗话说“抢先一步赢商机”，如果不善于谋划未来，只是鼠目寸光，关注当前，那么就会失去未来潜在的效益，企业的发展就没有后劲。

悦读心得

德鲁克的这一思想对你有什么启示，请拿起笔，写下你的所感、所思、所得：

## 管理者的判断力是制胜的先决条件

**管理精粹**

我们需要先看透未来的发展模式。

——《成果管理》德鲁克

### ⊙精彩阐释

德鲁克说，要使未来发生，人们必须愿意做新奇的事情，并且必须愿意提出这样的问题：我们真正想看到的，于今日极不相同的东西是什么？人们必须看透未来的发展模式，并愿意相信这是正确的。

因正确判断未来的发展趋势而获得商业成功的事情在各行各业都有发生。

比如在汽车业发展的早期，当汽车这种产品作为一种奢侈品在高端市场拼得你死我活的时候，福特却坚持降低汽车的销售价格。他认为汽车不应该是一种奢侈品，而应是一种生活必需品；当百货商场困守城市市场时，沃尔玛的创始人山姆却从一个偏僻的小镇起家，并认为小城镇同样能够支持大型超市的发展；当照相机刚刚被发明出来的时候，柯达的创始人热伊斯曼就认为这个时尚的玩意在将来必定会家家拥有。

哈默是美国著名的企业家。1931 年，他从前苏联回到美国。当时的美国正在如火如荼地进行总统换届选举，罗斯福是总统候选人之一。哈默经过一段时间的观察和判断，他认为最终罗斯福会取胜。

哈默知道，罗斯福喜欢喝酒，他一旦竞选成功，1920 年公布的禁酒令就会被废除。到那时，威士忌和啤酒的生产量将会十分惊人，市场上将需要大量的酒桶用以装酒。

这里面蕴藏着巨大商机。用来制作酒桶的木材非一般木材，而是经过特殊处理的白橡木。哈默在前苏联生活多年，他知道前苏联盛产白橡木，于是立即返回前苏联去订购白橡木板。他将这些木材运到美国，在新泽西州建造了一个现代化的酒桶加工厂，取名哈默酒桶厂。这个酒桶厂开业的时候，“禁酒令”尚未解除，所有的人都觉得他是个疯子。然而，当哈默的酒桶生产线日趋成熟的时候，新任总统罗斯福下令解除了禁酒令。酒桶的需求一下子被激发出来，哈默成为罗斯福新政的最大受益人。

综观当代市场，竞争日趋激烈。企业要制胜市场，何者为先？人才、资金、装备、信誉、信息、机遇。这些都是企业获得成功的必备要素。然而，哈默成功经历告诉我们，制胜市场的先决条件乃是管理者的判断力。

**实用指南**

在德鲁克看来，一个具有远见卓识的创业者，才能在扑朔迷离的市场中把握成功的关键，才能在纷繁复杂的思绪中找准制胜的契机。在企业发展中，只有把握住趋势，才能使企业走在时代的前列。

悦读心得

德鲁克的这一思想对你有什么启示，请拿起笔，写下你的所感、所思、所得：